ALCHIMIE UND MAGIE DER ERNÄHRUNG

– HRANI YOGA –

Aus dem Französischen übersetzt
Originaltitel:
»Hrani Yoga
Le sens alchimique et magique de la nutrition«

Französische Ausgaben:

ISBN 978-3-89515-076-0
E-Book 978-3-89515-966-4

5. Auflage

Druck 2025: Interpress, Ungarn

Omraam Mikhaël Aïvanhov

ALCHIMIE UND MAGIE DER ERNÄHRUNG

– HRANI YOGA –

Gesamtwerke Band 16

PROSVETA VERLAG

INHALT

Da Meister Omraam Mikhaël Aïvanhov seine Lehre ausschließlich mündlich überlieferte, wurden seine Bücher aus den Stenomitschriften, Tonband- oder Videoaufnahmen seiner frei gehaltenen Vorträge zusammengestellt.

Einleitung

Hrani-Yoga

Freier Vortrag

Heute möchte ich euch ein paar Erklärungen zum Thema Ernährung geben.

Ihr meint, das sei weder interessant noch wichtig oder nützlich für euch, da ihr schon seit eurer Geburt regelmäßig esst? Ich bezweifle nicht, dass dies seit eurer Ankunft in dieser Welt der Fall ist, aber ich werde euch die Ernährung unter einem anderen Aspekt darstellen, den ihr noch nicht kennt und über den ihr vielleicht staunen werdet.

Morgens, mittags und abends sind alle damit beschäftigt, sich zu ernähren, um gesund zu bleiben. Aber während der Mahlzeiten ist man daran gewöhnt, zu sprechen, zu gestikulieren und sogar sich mit den anderen zu streiten und deswegen schließlich krank zu werden. Alle wissen um die Bedeutung der Ernährung, und dass sie gerettet sind, solange sie irgendetwas zu essen haben, und dafür führen sie sogar Kriege und machen Aufstände. Aber gleichzeitig wissen sie nicht, wie man richtig isst. Wie soll man da die Menschen verstehen? Allein die Eingeweihten, die sich seit Langem mit dieser sehr wichtigen Frage der Ernährung befasst haben, wissen sie angemessen zu betrachten, und ich werde heute versuchen, euch ihren Standpunkt zu vermitteln.

Nehmt einmal an, ihr habt mehrere Tage lang durch eine Reihe bestimmter Umstände auf Nahrung verzichten müssen und seid jetzt derart geschwächt, dass ihr nicht mehr gehen könnt und kaum noch zu einer einzigen Bewegung fähig seid. Ihr seid völlig apathisch und es geht so bergab mit euch, dass ihr dem Tode nahe seid. Selbst wenn ihr Wissenschaftler seid und äußerst gelehrt, selbst wenn ihr über magische Kräfte verfügt, sind weder euer Wissen noch eure Fähigkeiten etwas wert im Vergleich mit einem Stück Brot oder einer Frucht, die euch jemand bringt, um euch wiederzubeleben. Ist das nicht wunderbar? Seht ihr nicht, welch großartiges magisches Element dieses Brot ist? Ein einziger Bissen hat derart viele Fabriken und Kräfte in Bewegung gesetzt, dass ein ganzes Leben nicht genügen würde, sie alle aufzuzählen.

Ihr habt euch weder die Zeit genommen, über die Elemente nachzudenken, die in dieser Nahrung enthalten sind, noch über die Tatsache, dass sie, um euch wieder auf die Beine zu bringen, stärker ist als selbst eure Gedanken, eure Gefühle oder euer Wille. Diese Nahrung, der ihr nur eine instinktive Bedeutung beimesst und keine intellektuelle, bewusste Bedeutung, nur sie allein ist imstande, euch Kraft und Gesundheit wiederzugeben. Dank ihr könnt ihr aufs Neue handeln, sprechen, fühlen und denken. Ihr nehmt Nahrungsmittel zu euch, die weder sprechen, sich ausdrücken oder schreiben können, und trotzdem, was geschieht nicht alles in euch dank dieser Nahrungsmittel! Ihr sprecht, gebt Anweisungen, schreibt Bücher (gute oder schlechte), ihr komponiert Symphonien und erreicht alles, Macht, Reichtum, Ruhm, und alles dank der Nahrung...

Unter all ihren Arbeiten haben die Eingeweihten auch den Studien über die Ernährung einen Platz eingeräumt. Sie haben herausgefunden, dass die Nahrung, die in den göttlichen Laboratorien mit einer unbeschreiblichen Weisheit zubereitet wird, magische Elemente enthält, die fähig sind, die physische und psychische Gesundheit zu bewahren oder wieder herzustellen und die größten Offenbarungen zu ermöglichen. Aber man muss wissen, unter welchen Bedingungen und mit welchen Mitteln man diese Elemente aus ihr herausziehen kann, und dass das wirksamste Mittel das Denken ist.

Es gibt keine Worte, um den fürchterlichen Lärm, die Kakophonie und den Krach zu beschreiben, den die Leute heutzutage machen, wenn sie gemeinsam essen. Man ist erschlagen, wenn man an solchen Mahlzeiten teilnimmt. Nur prähistorische Tiere können sich dabei wohlfühlen, weil sie sich in ihrem Element befinden. Aber all diejenigen, die sich nach Frieden und Harmonie sehnen, sind danach völlig erschöpft. Nach einem solchen Mahl muss man ausruhen oder sich sogar schlafen legen, denn man fühlt sich schläfrig, schwerfällig, und wer arbeiten muss, tut es lustlos und ohne Begeisterung. Wer jedoch in der richtigen Weise zu essen weiß, ist klar und gut gelaunt.

Wenn man auf mechanische, unbewusste Weise isst, mit schnellen, ruckartigen Bewegungen, dabei mehr schlingt als kaut und in seinem Kopf und seinem Herzen chaotische Gedanken und Gefühle hegt, sich vielleicht sogar noch dabei mit jemandem streitet, dann ist der Organismus in all seinen Funktionen gestört: Kein Prozess läuft mehr richtig ab, weder die Atmung noch der Kreislauf noch die Verdauung noch die Ausscheidung von Giften. Tausende von Leuten machen sich auf diese Weise krank, ohne zu wissen, dass ihre Krankheit von ihrer Essensweise herrührt. Seht nur, was sich in den Familien abspielt. Vor der Mahlzeit hat sich niemand etwas zu sagen, jeder sitzt in seiner Ecke und liest, hört Radio, näht oder macht etwas Ähnliches. Aber sobald man sich zu Tisch begibt, haben alle etwas zu erzählen oder sogar ein Hühnchen zu rupfen, und sie reden, diskutieren und streiten sich. Ein solches Verhalten ist der Gesundheit äußerst abträglich, und wenn man klug ist, sollte man damit Schluss machen.

Nehmen wir nun eine Frucht. Halten wir uns nicht auf bei ihrem Geschmack, ihrem Duft, ihrer Farbe, ihrer ätherischen Materie (was noch ein anderes Thema ist), betrachten wir einfach diese Frucht als angefüllt mit Sonnenstrahlen; sie ist ein Brief, geschrieben vom Schöpfer, und wir müssen ihn entziffern. Alles hängt von der Art und Weise ab, wie wir diesen Brief lesen. Wenn wir nicht wissen, wie wir ihn lesen sollen, werden wir nicht den geringsten Nutzen davon haben.

Ihr fragt euch: »Wie soll man denn nun essen...?«

Wenn sich ein Eingeweihter zu Tisch setzt, nachdem er sich die Hände gewaschen hat, schafft er in sich die besten Bedingungen, um die in den Laboratorien der Natur zubereiteten Elemente aufzunehmen. Er sammelt sich, verbindet sich mit dem Schöpfer, spricht ein kurzes oder längeres Gebet und beginnt dann in Stille und Frieden den Vorgang der höchsten weißen Magie: die Ernährung. Er kaut den ersten Bissen so bewusst und so lange wie möglich, bis er ganz im Mund zergangen ist. Der Zustand, in dem man den ersten Bissen zu sich nimmt, ist außerordentlich wichtig. Man sollte sich daher vorbereiten, dies in der bestmöglichen Verfassung zu tun, weil dieser erste Bissen das ganze innere Räderwerk in Gang setzt. Wenn ihr in einem harmonischen Zustand beginnt, wird auch alles Übrige harmonisch ablaufen.

Es ist auch sehr wichtig, gut zu kauen. Einmal, weil das die Verdauung begünstigt, aber auch aus folgendem sehr wichtigen Grund: Der Mund, der als erster die Nahrung aufnimmt, ist das bedeutsamste Laboratorium, denn es ist das spirituellste. Der Mund spielt auf einer anderen Ebene die Rolle eines echten Magens; er absorbiert die ätherischen Teilchen der Nahrung, die feinsten und wirksamsten Energien, und die groben Stoffe wandern dann in den Magen. Der Mund enthält äußerst hochentwickelte Apparate, Drüsen auf und unter der Zunge, die die besondere Aufgabe haben, die ätherischen Teilchen der Nahrung aufzufangen. Vielleicht habt ihr schon diese Erfahrung machen können. Ihr liegt da, leblos, fast schon verhungert, und dann habt ihr zu essen begonnen... Vom ersten Bissen an, sogar noch bevor die Nahrung verdaut sein konnte, fühlt ihr euch bereits wieder gekräftigt und gestärkt. Wie konnte das so schnell geschehen? Dank dem Mund hat der Organismus bereits außerordentliche Energien absorbiert. Er hat die ätherischen Elemente absorbiert, die gleich das Nervensystem genährt haben. Noch bevor der Magen die Nahrung aufnimmt, ist das Nervensystem bereits versorgt. Man muss der Nahrung ihre göttlichen Energien entnehmen, und das geschieht nur durch den Mund.

Ein Eingeweihter nimmt seine Mahlzeiten mit der Absicht ein, der Nahrung die nahrhaftesten Elemente zu entnehmen, damit sie als Baumaterial zum Aufbau seines physischen Organismus, aber auch seines spirituellen Organismus beitragen. Da der Mensch nicht nur einen physischen Körper besitzt, sondern auch andere, feinstofflichere Körper (den Äther-, den Astral-, den Mental-, den Kausal-, den Buddhi- und den Atmankörper), stellt sich für ihn die Frage, wie er diese feinstofflichen Körper, die häufig aufgrund seiner Unwissenheit unterversorgt sind, ernähren kann. Er weiß in etwa, welche Nahrung er seinem physischen Körper geben muss; ich sage in etwa, denn die meisten Menschen essen Fleisch, was für ihre physische und psychische Gesundheit schädlich ist, aber sie wissen nicht, wie man die anderen Körper ernährt, den Ätherkörper (oder Vitalkörper), den Astralkörper (Sitz der Emotionen), den Mentalkörper (Sitz des Denkens) usw.

Ich habe euch gesagt, dass ihr die Nahrung gut kauen sollt, aber das Kauen ist für den physischen Körper. Für den Ätherkörper muss man die Atmung hinzunehmen. Ihr wisst, dass die Luft die Flamme belebt. Ihr blast in ein Feuer, um es zu entfachen. Wenn ihr beim Essen gut atmet, ermöglicht das in gleicher Weise eine intensivere Verbrennung. Die Verdauung ist nichts anderes als eine Verbrennung, genauso wie die Atmung und das Nachdenken. Nur die zur Verfügung stehende Temperatur und die Reinheit der Materie unterscheidet die beiden Prozesse. Ihr solltet daher beim Essen von Zeit zu Zeit kleine Pausen einlegen und tief atmen, damit diese Verbrennung dem Ätherkörper ermöglicht, der Nahrung feinstofflichere Teilchen zu entziehen.

Wenn ich von feinstofflicheren Teilchen spreche, die man der Nahrung entziehen sollte, sollte euch das nicht erstaunen. Eine Frucht, zum Beispiel, besteht aus fester, flüssiger, gasförmiger und ätherischer Substanz. Jeder kennt sehr wohl die feste und die flüssige Materie. Viel weniger Menschen befassen sich mit dem Duft, der bereits feinstofflicher ist und in den Bereich der Luft gehört. Die ätherische Seite ist mit den Farben der Frucht und mit ihrem Leben verbunden, das man noch nicht auf einer Waage wiegen kann, das aber der Frucht entströmt und sich in der Atmosphäre verbreitet. Diese Seite ist noch vollkommen unbekannt und vernachlässigt. Diese ätherische Seite ist jedoch von größter Wichtigkeit in der Ernährung, und in der Stille, durch die Atmung, kann man mit ihr in Verbindung treten.

Wenn die Leute sich heutzutage untereinander einladen, beginnen sie gleich zu reden und zu gestikulieren, aufgrund von Gewohnheiten, die oft nur aus der Unwissenheit der Menschen herrühren, und dann haben sie bei den Mahlzeiten keine rhythmische und tiefe Atmung. So ist es auch nicht verwunderlich, dass man so viele Medikamente herstellen muss, um Verdauungsstörungen zu behandeln. Die Orientalen sind da weiser: Sie stellen alles auf den Tisch und lassen ihre Gäste in Ruhe und Stille essen. Sie reden nicht, sie plagen sie nicht mit Fragen, unter dem Vorwand von Freundlichkeit, Höflichkeit und Wohlwollen wie im Westen. Nur dann kann man sich richtig ernähren. Wenn es gelegentlich vorkommt, dass ich während einer Mahlzeit spreche, so spüre ich, selbst wenn es sich um eine sehr freundschaftliche Konversation handelt, wenn ich mich vom Tisch erhebe, eine Unzufriedenheit, eine Art nervöser Spannung... Etwas fehlt mir, ich habe nicht so gegessen wie man es sollte. Wie oft habe ich das schon festgestellt!

Wenn ihr in Stille und Frieden gegessen habt, haltet ihr anschließend diesen Zustand den ganzen Tag aufrecht. Selbst wenn ihr unter Zeitdruck seid, genügt euch schon eine Sekunde des Innehaltens, um zu spüren, dass der Friede immer da ist, weil ihr richtig gegessen habt. Anderenfalls könnt ihr alles Mögliche versuchen, euch ausruhen, leise sprechen, ihr seid doch erregt und unruhig. Ich wiederhole daher: Um den Ätherkörper zu nähren, muss man tief atmen. Der Ätherkörper ist der Träger der Vitalität, des Gedächtnisses und der Empfindungsfähigkeit, und ihr profitiert von seiner harmonischen Entwicklung.

Aber genauso wie man den physischen und den ätherischen Körper nährt, muss man auch den Astralkörper nähren. Da sich der Astralkörper von Gefühlen und Empfindungen ernährt, die aus einer feinstofflicheren Materie bestehen als die ätherischen Teilchen, kann man ihn ernähren, wenn man der Nahrung gegenüber Gefühle der Liebe hegt, indem man daran denkt, dass sie in den Werkstätten des Herrn zubereitet wurde und dass sie Reichtum und Segen bedeutet. Der Eingeweihte bereitet seinen Astralkörper darauf vor, der Nahrung noch wertvollere Teilchen zu entziehen als die ätherischen Teilchen, indem er einige Augenblicke mit Liebe bei den Nahrungsmitteln verweilt. Sobald der Astralkörper diese Elemente aufgenommen hat, hat er alle Möglichkeiten, Empfindungen sehr hohen Grades in sich zu erwecken: die Liebe zur ganzen Welt, die Empfindung glücklich und voller Frieden zu sein und in Harmonie mit der Natur zu leben.

Sobald der Astralkörper während der Mahlzeit seine Nahrung empfangen hat, spürt ihr ein unbeschreibliches Wohlgefühl, ihr fühlt euch großzügig, wohlwollend und nachsichtig. Wenn ihr wichtige Angelegenheiten zu regeln habt, zeigt ihr euch großzügig und geduldig, bereit zu Zugeständnissen. Wenn der Astralkörper hingegen nicht genährt wurde, wenn ihr beim Essen mürrisch wart, die anderen kritisiert und euch geärgert habt, äußert ihr euch anschließend mit Schärfe, Nervosität und Voreingenommenheit. Wenn ihr schwierige Probleme zu lösen habt, neigt die Waage sich immer zur negativen, ungerechten Seite hin. Ihr sucht euch danach zu rechtfertigen, indem ihr sagt: »Was willst du, mein Lieber, ich kann nichts dafür, ich bin nervös!«

Um euch zu beruhigen, nehmt ihr Medikamente, aber ihr werdet euch weiterhin nervös fühlen, solange euch niemand beibringt, wie ihr essen sollt und ihr nicht erkennt, dass ihr gerade während der Mahlzeiten den Zustand eures Nervensystems verbessern könnt.

Wenn man also vor der Nahrung sitzt, sollte man alles beiseite lassen, selbst die wichtigsten Angelegenheiten, in dem Bewusstsein, dass es wichtiger ist, sich richtig nach den göttlichen Regeln zu ernähren, weil davon alles abhängt. Wenn man auf richtige Weise gegessen hat, wird sich danach alles Übrige sehr schnell regeln. Richtig essen bringt also großen Zeitgewinn und eine Ersparnis unserer Kräfte. Man sollte sich nicht einbilden, die Probleme leichter und schneller in einem fieberhaften, angespannten Zustand lösen zu können, im Gegenteil, es gleiten einem Gegenstände aus den Händen, man macht unpassende Bemerkungen, rempelt Leute an und richtet Schäden an, zu deren Beseitigung man tagelang braucht. Der Schüler, der weiß, dass man sich Zeit nehmen und den göttlichen Gesetzen Genüge tun muss, kann in wenigen Minuten lösen, wozu er sonst 24 Stunden und mehr gebraucht hätte. Denn in der Klarheit und im Licht können Probleme eine klare, fehlerfreie Lösung finden.

Um seinen Mentalkörper zu ernähren, konzentriert sich ein Eingeweihter auf die Nahrung und schließt sogar die Augen, um sich besser konzentrieren zu können. Die Nahrung stellt für ihn eine Manifestation des Göttlichen dar, und er bemüht sich, sie in all ihren Aspekten zu erforschen: wo sie herkommt, was sie enthält, welche Qualitäten ihr entsprechen, welche Wesenheiten sich um sie gekümmert haben... denn unsichtbare Wesen arbeiten an jedem Gemüse, an jeder Pflanze, an jeder Frucht. Ein Eingeweihter meditiert gründlich, indem er seinen Geist in diese Überlegungen vertieft und empfängt dann Offenbarungen. Er ernährt auf diese Weise seinen Mentalkörper und entzieht der Nahrung Elemente, die über den Elementen der Astralebene stehen. Daraus erwächst ihm Klarheit und eine tiefe Durchdringung des Lebens und der Welt.

Nach einer unter solchen Bedingungen eingenommenen Mahlzeit erhebt er sich mit einem so lichtvollen Verständnis vom Tisch, dass er in der Lage ist, die größten Denkleistungen zu vollbringen. Die meisten Leute, und sogar die Intellektuellen, glauben, es genüge zu lesen, zu studieren und nachzudenken, um ein intellektuell fähiger Kopf zu sein. Sicher ist das notwendig, aber es ist genauso wichtig, den Mentalkörper zu ernähren, um ihn widerstandsfähig zu machen und fähig zu fortgesetzten Anstrengungen.

Man muss dies richtig verstehen: Astral- und Mentalkörper sind jeweils Träger von Gefühlen und Gedanken, und diese zwei Körper müssen eine angemessene Nahrung erhalten, damit wir fähig sind, unsere Aufgabe in diesen beiden Bereichen, sowohl im Gefühls- als auch im Verstandesbereich, zu übernehmen.

Aber wie ich bereits gesagt habe, besitzt der Mensch über seinen Äther-, Astral- und Mentalkörper hinaus andere, noch feinstofflichere Körper, den Kausal-, den Buddhi- und den Atmankörper, die ebenfalls ernährt werden müssen. Nachdem ihr also bewusst geatmet, nachdem ihr die Nahrung mit Liebe gegessen und über sie nachgedacht habt, lasst euch von einem Gefühl der Dankbarkeit gegenüber dem Schöpfer durchdringen, denn auf diese Weise wird es euch gelingen, eine wahre Kommunion mit Ihm herbeizuführen. Wenn ihr eure drei höheren Körper zu ernähren wisst, werdet ihr Verzückung und Ekstase erfahren. Denn diese feinstofflichen Teilchen, die ihr auffangt, werden überallhin verteilt, ins Gehirn, in den Solarplexus, in alle Organe, und ihr beginnt, euch bewusst zu werden, dass ihr andere Bedürfnisse und Wünsche habt, dass es andere Freuden gibt und auch andere Möglichkeiten, die sich euch eröffnen. Zuvor wart ihr wie ein Stein, ihr habt geschlafen, jetzt hingegen wacht ihr auf, werdet lebendig und empfindsam.

Wenn ihr eure Mahlzeit beendet habt, dürft ihr euch nicht sogleich erheben, um mit Arbeiten und Diskussionen fortzufahren. Es ist aber ebenfalls nicht ratsam, sich ein oder zwei Stunden auf einem Sofa auszustrecken. Wenn ihr fertig gegessen habt, bleibt einen Moment ruhig sitzen und atmet einige Male tief durch, damit das Prana eine bessere Verteilung der Energien im Organismus ermöglicht. Ihr werdet euch dann in äußerst guter Verfassung fühlen, um alle möglichen Arbeiten in Angriff zu nehmen. Wenn ihr euch hingegen hinlegt, um sozusagen auszuruhen, erholt ihr euch in Wirklichkeit keineswegs, sondern werdet träge und belastet euren Körper.

Es mag sein, dass ihr die Ernährung niemals unter diesem Gesichtspunkt betrachtet habt. In der neuen kommenden Zeit wird man die Menschen lehren, dass die Ernährung keineswegs ein so einfacher, gewöhnlicher und gering zu schätzender Vorgang ist, wofür ihr sie im Allgemeinen haltet, sondern dass hinter dieser täglichen Handlung des Essens Gott für jeden die Möglichkeit verborgen hat, eine psychische Arbeit von höchster Bedeutung auszuführen, weil die Ernährung die Gesamtheit des menschlichen Wesens betrifft.

Nehmt einmal an, ihr hättet keine Zeit zum Beten, weil ihr mit Arbeit überlastet seid. Dann versteckt ihr euch hinter diesem Vorwand, um nicht das geringste spirituelle Leben zuzulassen. Tatsächlich habt ihr mindestens dreimal am Tag die besten Bedingungen, um euch mit dem Himmel, mit dem Herrn zu verbinden, denn dreimal am Tag müsst ihr essen. Jedermann muss jeden Tag essen. Man nimmt sich immer Zeit zu essen. Man hat keine Zeit zum Beten, man hat keine Zeit zum Lesen, zum Meditieren, in Ordnung, aber man hat immer Zeit zum Essen. Man kommt nicht ohne Essen aus, das begreift jeder. Selbst die grausamsten Leute, in Gefängnissen oder sonstwo, werden euch zu essen geben. Sie werden euch demütigen, euch quälen, euch alles wegnehmen, aber sie werden euch ein Stück Brot und ein Glas Wasser geben. Jedermann weiß, dass Nahrung unverzichtbar ist. Warum dann nicht von diesem Moment der Nahrungsaufnahme profitieren, um ein Gebet, einen Gedanken der Dankbarkeit und Liebe hinzuzufügen? Niemand kann behaupten, er hätte keine Zeit. Isst man nicht dreimal am Tag? Gerade in diesen Momenten gibt euch der Himmel die besten Bedingungen, um eine spirituelle Arbeit zu tun. Versucht es! Ich habe es seit meiner Jugend versucht, ganz bewusst, und jeden Tag versuche ich es weiter, weil ich mir bewusst bin, dass ich dadurch Reichtümer und Gold in den himmlischen Banken anlege.

Ich weiß, dass das, was ich euch hier sage, nicht für jedermann ist. Jeder tue, was er will, aber der Schüler der Universellen Weißen Bruderschaft, der ein hohes Ideal hat, sollte sich bemühen, sich diesen großartigen Regeln anzupassen, und er wird von den Möglichkeiten begeistert sein, die sich vor ihm enthüllen, um ruhiger zu werden, sich zu stärken und seine physische und spirituelle Gesundheit zu verbessern. Wenn er sich auf allen Ebenen zu ernähren weiß, braucht er nicht die anderen, um bestimmte physische und psychische Störungen zu beseitigen.

In Zukunft wird der Yoga der Ernährung als einer der besten Yogas betrachtet werden, die existieren, obwohl er noch niemals irgendwo erwähnt wurde. Alle anderen Yogas wie Radja-, Karma-, Laya-, Jnani-, Krya- oder Agni-Yoga sind großartig, aber es braucht Jahre, um ein kleines Resultat zu erzielen. Mit Hrani Yoga* hingegen (so nenne ich ihn), gibt es schnelle Resultate. Es ist der einfachste, der zugänglichste Yoga; er wird von allen Geschöpfen ohne Ausnahme praktiziert, wenn auch im Augenblick noch unbewusst. Die ganze Alchimie und Magie sind in diesem bis heute am meisten verkannten und unverstandenen Yoga enthalten. Es ist unglaublich, selbst die intelligentesten Menschen sind sich niemals der in der Nahrung verborgenen Geheimnisse bewusst geworden.

Versucht es, bemüht euch nur eine Woche lang nach den Regeln zu essen, die ich euch gebe. Ihr werdet natürlich feststellen, dass es schwierig ist, während der Mahlzeiten still zu sein, um euch allein auf die Nahrung zu konzentrieren... Und wenn es euch

* Aus dem Bulgarischen, »hrana« bedeutet Nahrung.

gelingt, äußerlich still zu sein, macht ihr innerlich Lärm... Oder wenn es euch sogar gelingt, innerlich ruhig zu werden, schweifen eure Gedanken woanders herum. Darum erkläre ich euch, dass die Ernährung ein Yoga ist, denn richtig essen zu können, erfordert Konzentration, Aufmerksamkeit, Selbstbeherrschung, aber auch Intelligenz, Liebe und Willenskraft.

Wenn ihr in Stille und innerer Sammlung essen könnt, schafft ihr eine Atmosphäre von Frieden und Licht, in der alle göttlichen Verwirklichungen möglich sind. Ihr habt Offenbarungen und Inspirationen: Einem Poeten werden die besten Gedichte eingegeben; ein Musiker hört die schönsten Symphonien in seiner Seele; ein Maler sieht die wunderschönsten Bilder vor sich auftauchen. Ein Forscher findet die Lösung für Probleme, die ihn beschäftigen. Diejenigen, die Bedingungen brauchen, um Frieden und Gesundheit wiederzuerlangen, werden sie finden, und die neu hier Angekommenen sind von dieser wunderbaren, befreienden Atmosphäre begeistert. Das sind die segensreichen Folgen, die sich einfach aus einer vernünftigen und spirituellen Essensweise ergeben. In Wirklichkeit muss die Ernährung als eine Arbeit des Geistes an der Materie aufgefasst werden.

Im Allgemeinen stellt man sich vor, es sei notwendig, viel zu essen, um gesund zu sein und viel Kraft zu haben. Ganz und gar nicht, sogar ganz im Gegenteil, wenn man viel isst, ermüdet man den Organismus, man hemmt und blockiert alle Verdauungsprozesse, was zu Überlastungen führt und zu unnützen, nicht mehr zu beseitigenden Ablagerungen. Auf diese Weise entstehen viele Arten von Krankheiten, nur aufgrund dieser irrigen Annahme, dass man viel essen müsse, um bei guter Gesundheit zu sein. Ihr verkürzt euer Leben, wenn ihr zu viel esst. Es ist der Hunger, der das Leben verlängert. Verlasst den Tisch nicht gesättigt, sonst werdet ihr schwer und plump, zu verstofflicht, und ihr verspürt keinen Impuls mehr, euch zu vervollkommnen. Wenn ihr hingegen mit einem leichten Hunger vom Tisch aufsteht und einige

Bissen, auf die ihr noch Lust hattet, nicht mehr nehmt, dann bekommt der Ätherkörper den Impuls, in höheren Bereichen die Elemente zu suchen, welche die so belassene Leere füllen werden. Der Ätherkörper findet diese feinstofflichen Elemente und fügt sie hinzu, so ausgewogen, dass ihr wenige Minuten später keinen Hunger mehr habt und euch außerdem leichter, lebendiger und leistungsfähiger fühlt, weil diese Elemente von höherer Qualität sind. Wenn ihr hingegen so lange esst, bis ihr gesättigt seid oder sogar mehr als euer Hunger verlangt, aus reinem Vergnügen am Essen, wie es so viele Leute tun, dann werdet ihr in Wirklichkeit niemals gesättigt sein und ein Ungleichgewicht in euch hervorrufen.

Wenn ihr übermäßig esst, entsteht eine Überfülle und euer Ätherkörper wird überlastet und kann seinen Funktionen nicht mehr nachkommen. In dem Moment stürzen sich die Unerwünschten der Astralebene auf euch, weil sie diesen Überfluss von Nahrung sehen und an diesem Festessen, das ihr ihnen unbewusst bereitet, teilnehmen wollen. Und einige Zeit später spürt ihr aufs Neue eine Leere, ihr fühlt den Wunsch, wieder mit Essen zu beginnen, um sie zu füllen... Und auch die Unerwünschten kommen zurück. So werdet ihr zu einem großartigen Köder, der die Diebe und die Hungernden der Astralebene anzieht und ernährt, die sich auf eure Kosten gütlich tun.

Es ist erstaunlich festzustellen, dass die Menschen, die den Anspruch haben, die Mysterien der Schöpfung zu ergründen und die auf der Suche nach den größten Geheimnissen sind, den Vorgang, in den Gott Seine ganze Weisheit gelegt hat, gering schätzen und beiseite lassen. Wenn man die Gesetze der Ernährung untersucht, stellt man fest, dass man dieselben Gesetze überall im Universum wiederfindet. Sie lenken auch die Wechselbeziehungen zwischen der Sonne und den Planeten und sind für alle Bereiche gültig, besonders für den der Liebe, ja, sogar für den Vorgang der Empfängnis und der Schwangerschaft...

Was wisst ihr über die Ernährung? Beobachtet euch während ihr esst, und ihr werdet feststellen, auf welcher Stufe der Entwicklung ihr steht. Wenn ihr der Nahrung gegenüber, die Gott euch gegeben hat, keine Achtung habt, wem gegenüber werdet ihr dann welche haben? Erst wenn ihr die Nahrung achtet, werdet ihr die Mysterien der Kommunion und das Wort Jesu begreifen: »Nehmet, esset, das ist mein Leib... Trinket alle daraus, das ist mein Blut...«. Wer mein Fleisch isst und mein Blut trinkt, der hat das ewige Leben« (Mt 26,26; Joh 6,54). Die Nahrung ist bereits vom Schöpfer gesegnet und geweiht. Der größte Beweis, dass diese Nahrung gesegnet ist, besteht darin, dass sie uns das Leben gibt. Gott ist in der Nahrung in Form von Leben... Wenn ihr glaubt, die Menschen müssten die Nahrung zuerst segnen, damit sie ihnen das Leben geben kann, seid ihr noch weit von der Wahrheit entfernt! Bevor die Menschen die Nahrung segnen, wurde sie bereits vom Himmel gesegnet. Ihr meint, dann würde das Segnen ja zu gar nichts dienen? Doch, das Segnen ist eine Art Zeremonie, eine magische Handlung, wenn ihr so wollt. Die Worte, Gesten und Gedanken des Priesters, der die Nahrung segnet, umhüllt die Nahrung mit Emanationen und Fluida, die sie darauf vorbereiten, mit denen in Harmonie zu schwingen, die sie zu sich nehmen sollen. Auf diese Weise vollzieht sich in den feinstofflichen Körpern eine Verbindung, eine Anpassung, die es ihnen möglich macht, die in der Nahrung verborgenen Reichtümer besser aufzunehmen.

So wie sie ist, ist die Nahrung nicht bereit, aufgenommen, assimiliert und im ganzen Körper verteilt zu werden. Man muss sie sich anpassen, sie sich vertraut machen, sonst bleibt sie eine fremde Materie und schwingt nicht im Einklang mit unserem Organismus. Ich wiederhole fortwährend, dass wir uns daran gewöhnen müssen, die Mahlzeiten in Stille einzunehmen, mit Konzentration, Liebe und Dankbarkeit, weil diese Art zu essen die Nahrung so tiefgreifend verändert, dass sie auch nicht das geringste fremde Teilchen mehr in sich birgt. Jedes Teilchen, das nicht mit dem Organismus in Einklang schwingt, stört ihn. Es sind nur deshalb so viele Menschen krank, weil sie nicht wissen, wie man richtig isst. Sie haben zu viele schlecht angepasste Substanzen in sich angesammelt, die in ihnen zu Abfällen werden. Allein die Liebe vermag die Materie, die wir aufnehmen, umzuwandeln. Solange wir nicht mit Liebe essen, kann der Organismus einen großen Teil der Nahrung nicht umwandeln, weil sie nicht mit ihm in Harmonie schwingt, und diese sich ansammelnde Materie beeinträchtigt die Körperfunktionen. Es ist außerordentlich wichtig zu wissen, wie man richtig isst, denn in dem Moment wirken Astral- und Mentalkörper auf die Nahrung ein, um sie vollständig assimilierbar zu machen, damit die Energien harmonisch im gesamten Körper verteilt werden.

Es dauert manchmal lange, bevor bestimmte Teilchen vom Organismus akzeptiert und verdaut werden, ganz einfach deshalb, weil man nicht wusste, wie man sie vorbereiten sollte. Sie rufen dann Krankheiten wie Tumoren und Krebs hervor... Oh ja, man weiß nicht, wie man richtig isst! Natürlich gibt es auch andere, äußere Gründe, zum Beispiel die Tatsache, dass in der heutigen Zeit die Lebensmittel durch alle möglichen Zusätze vergiftet sind. Man findet nichts Reines, Frisches mehr. Die Früchte und das Gemüse werden mit schädlichen Düngemitteln angebaut, und die Fische werden in verschmutzten Flüssen und Meeren gefangen... Bald kann man nicht mehr auf der Erde leben. Sofern sie Arbeit haben und Geld verdienen, kümmert es die meisten Leute wenig, ob die anderen vergiftet werden!

Und doch hängt viel von uns ab, ob die Nahrung von unserem Organismus akzeptiert wird, und die Gebete und das Segnen vor den Mahlzeiten dienen dazu, sie günstig zu beeinflussen und sie darauf vorzubereiten, dass sie gut assimiliert wird. Aber diese Formeln und Gebete können ihr nicht das geringste Lebenselement hinzufügen, denn Gott hat der Nahrung das Leben bereits mitgegeben. Bevor sie gesegnet wird, enthält sie bereits alle zum Überleben notwendigen Elemente. Wenn es möglich wäre, ihr das göttliche Leben durch eine einfache menschliche Segnung einzugeben, warum segnet man dann nicht ein Stück Holz, einen Stein oder Metall, um diese zu essen? Indem man einen Stein segnet oder auch ein Stück Holz oder Metall, vermittelt man ihnen eine Art Leben, sicher, aber dieses Leben kann nicht Menschen ernähren; es kann auf andere Art nützlich sein, aber es kann nicht dazu dienen, sie zu ernähren.

Wenn ihr lernt, jeden Tag bewusst das göttliche Leben aufzunehmen, überall dort, worin es enthalten ist: in der Nahrung, im Wasser, in der Luft, in den Sonnenstrahlen, im unendlichen Raum, dann werdet ihr das ewige Leben haben. Ihr werdet den Herrn kennen, Ihn jeden Tag preisen und werdet so zu vollständig neuen Menschen.

Le Bonfin, den 25. September 1954

Hinweis

Die Anfangs-Seiten der nachfolgenden Kapitel enthalten jeweils einen Auszug aus der Einleitung dieses Buches (Vortrag »Hrani-Yoga«), gefolgt von Texten, die der Vervollständigung und Erweiterung der Bedeutung dieser Auszüge dienen.

Kapitel 1

Morgens, mittags und abends sind alle damit beschäftigt, sich zu ernähren, um gesund zu bleiben. Alle wissen um die Bedeutung der Ernährung und wissen, dass sie sicher sind, solange sie etwas zu essen haben. Dafür führen sie Kriege und machen Revolutionen. Aber gleichzeitig wissen sie nicht, wie man richtig isst; wie soll man da die Menschen verstehen?

Für die ganze Welt steht das Thema Ernährung an erster Stelle. Alle streben zunächst einmal danach, diese Frage zu lösen, sie arbeiten und bekämpfen sich sogar dafür. Viele Kriege haben keine andere Ursache. Aber diese Haltung der Nahrung gegenüber ist nur ein Instinkt, ein Streben, das noch nicht in den Bereich des hellen Bewusstseins gelangt ist. Die Tiere sind ständig mit der Nahrungssuche beschäftigt, das ist ihre Hauptbeschäftigung. Auch die Menschen arbeiten in erster Linie dafür, ihr Überleben zu sichern, und alle denken: »Aber natürlich haben wir die Bedeutung der Nahrung verstanden! Wem sagen Sie das?« Aber in Wirklichkeit haben sie nichts verstanden, denn ihr Verständnis ist auf dem Niveau der Instinkte stehen geblieben; sie haben die spirituelle Bedeutung des Essens noch nicht verstanden, und ihr ebenso wenig. Wenn ihr sie begreift, wird die Ernährung für euch zu einer Quelle von Wohltaten und Wundern, weil über die einfache Tatsache hinaus, dass man sich ernähren muss, um am Leben zu bleiben, andere Bedeutungen und andere Kenntnisse hinzukommen. Es gilt andere Arbeiten auszuführen und man wird sich andere Ziele stecken. Dem Anschein nach esst ihr dann wie jeder andere auch und alle Welt isst wie ihr, aber in Wirklichkeit besteht da eine genauso großer Unterschied wie zwischen Himmel und Erde.

Es genügt nicht zu wissen, dass die Ernährung außergewöhnliche Möglichkeiten eröffnet. Wenn ihr nichts tut, um diese Materialien zu benutzen, werden eure Kenntnisse, so groß sie auch sein mögen, euch zu nichts nütze sein. Viele unter euch geben sich mit schönen Theorien zufrieden, ohne auch nur irgendetwas davon in die Praxis umzusetzen. Sie sagen: »Ich weiß, ich weiß«, und da bleiben sie stehen. Warum benutzt ihr nicht euer Wissen, um euren Willen in Gang zu setzen und Wunder zu vollbringen?

Ich sprach heute Morgen zu euch vom Neuen Himmel und von der Neuen Erde... Nun, auf der Neuen Erde, das heißt, unter den neuen Verhaltensweisen, die die Menschen sich aneignen müssen, wird es eine bessere Einstellung zur Nahrung geben. Alle werden die Gaben des Schöpfers schätzen und sie in Harmonie mit den Gesetzen von Liebe, Licht und Frieden empfangen. Diese psychologischen Faktoren sind Elemente, die die Nahrung wirklich umwandeln, und diese umgewandelte, sublimierte, erleuchtete Nahrung trägt zum Aufbau eines neuen Körpers bei.

Vergesst daher alles, lasst alles beiseite. Selbst wenn ihr Schwierigkeiten, Sorgen und Kummer habt, lasst sie draußen. Während der paar Minuten, in denen ihr esst, konzentriert euch einzig auf diesen magischen Vorgang. Nach der Mahlzeit, wenn es euch wirklich danach verlangt, nehmt eure Last wieder auf. Aber während ihr esst, lasst sie beiseite, sonst werden diese negativen Zustände fremde, dunkle, schädliche Elemente in euch hineinziehen, die verhindern, dass sich eure Umwandlungsarbeit korrekt vollzieht. Und es wird euch nicht gelingen, der Nahrung besonders spirituelle Elemente zu entziehen, um sie dem Gehirn zu senden, und den ganzen Tag hindurch Kräfte für die besten Aktivitäten zu haben.

Le Bonfin, den 18. August 1971

Kapitel 2

Wenn ein Eingeweihter sich zu Tisch setzt, nachdem er sich die Hände gewaschen hat, schafft er in sich die besten Bedingungen, um die in den Laboratorien der Natur zubereiteten Elemente aufzunehmen. Er sammelt sich, verbindet sich mit dem Schöpfer, spricht ein kurzes oder längeres Gebet und beginnt dann in Stille und Frieden den Vorgang der höchsten weißen Magie: die Ernährung.

I

Ich hatte immer den Wunsch, die Meditationen, die wir vor den Mahlzeiten abhalten, zu verlängern, denn das würde äußerst günstige Ergebnisse hervorbringen. Ich weiß, dass ihr nicht daran gewöhnt seid. Nirgends in der Welt werdet ihr Menschen finden, die vor dem Essen solange in Stille verweilen wie wir (obgleich es in Wirklichkeit nur ein paar armselige Minuten sind, die wir so verbringen!), sie sprechen nicht einmal ein Gebet. Sofort stürzen sie sich auf die Nahrung und essen wie die Tiere. Darum bringt es ihnen keine großen Wohltaten, denn sie entnehmen der Nahrung nur die groben Elemente, alles Feinstoffliche, Ätherische hingegen bleibt ihnen fremd und unbekannt.

Man darf die Stille während der Mahlzeiten nicht als eine klösterliche Gewohnheit betrachten. In den Klöstern nimmt man die Mahlzeiten in Stille ein, das ist eine kluge Vereinbarung, aber die Stille gehört nicht den Klöstern, sie gehört allen Weisen, allen Eingeweihten, allen vernünftigen Leuten. In der Stille bereiten wir günstige Bedingungen vor für die Manifestation göttlicher Wesen, weil diese Wesen die Stille lieben. Sie warten immer auf diese Bedingungen, welche die Menschen ihnen nur sehr selten geben. Sicher, diejenigen, die zum ersten Mal hierher kommen, sind verwirrt; sie fragen sich, was es mit dieser seltsamen Stille, an die sie nicht gewohnt sind, auf sich hat, und sie macht ihnen sogar Angst...

Nein, man darf keine Angst vor der Stille haben, man sollte sich ihr sogar anvertrauen, wie ein Kind den Armen seiner Mutter... Ich könnte stundenlang in der Stille verweilen, denn in der Stille kann man den Hauch der Ewigkeit spüren. Je weiter man fortgeschritten ist, desto mehr braucht man die Stille. Auf den Märkten und in den Schulklassen ist Lärm ein Zeichen von Leben, aber nicht des höheren Grades von Leben. Das intensive Leben ist meistens so als ob nichts wäre, weder Klang noch Bewegung. Das intensive Leben ist absolute Stille, und ich wünschte, dass ihr in Zukunft lernen würdet, diese Stille zu lieben, denn in der Stille bereiten sich die idealen Bedingungen für das Kommen sehr mächtiger Wesen vor.

Le Bonfin, den 21. September 1969

II

Vor den Mahlzeiten singen wir, um uns zu harmonisieren, und die Nahrung, die auf diese Weise magnetische Strömungen empfängt, gibt uns Kraft, Gesundheit und Licht. Versucht daher zu begreifen, dass das, was wir hier tun, sehr bedeutsam ist. Im Augenblick singt ihr aus Gewohnheit. Sicher, die Lieder sind herrlich, man sieht, dass ihr glücklich seid beim Singen, dass ihr es von ganzem Herzen tut, aber ihr seid euch des Einflusses noch nicht bewusst, den die Lieder auf diese Nahrung haben können. Ihr solltet euch vorbereiten, sie auf eine Weise zu euch zu nehmen, als wäre es ein heiliger Akt, eine magische Zeremonie.

Ihr seht, ihr macht viele Dinge und großartige Dinge! Aber euer Bewusstsein ist noch nicht erleuchtet genug, um genau die Bedeutung von dem, was ihr tut, zu verstehen, und ich bin daher da, um euch weiter zu führen, damit sich euer Bewusstsein erweitert und erhellt. Wenn wir singen, imprägnieren wir bereits die Nahrung und sogar diesen Saal mit himmlischen Teilchen, und viele Tage lang wird euch diese Nahrung dazu bewegen, großartig zu denken und zu handeln.

Ihr seht, die ganze Welt weiß nichts von all dem; man isst außerhalb dieses Lichts oder sagt höchstens noch zwei Worte: »Herr, segne diese Nahrung...« und noch bevor das Gebet zu Ende ist, schluckt man bereits. Wie kann sich das Denken unter diesen Bedingungen bis in erhabene Regionen erheben? Oder man setzt sich in einem Zustand von Nervosität und Ärger an den Tisch: »Ah, wenn ich dem das nächste Mal begegne, dann wird er was erleben!« Und auf diese Weise vergiftet man die Nahrung. Aber darauf rächt sich die Nahrung: Wenn sie in den Organismus des Menschen gelangt, ist sie bereits durch seine negativen Gedanken verschmutzt. Wie kann sie ihm dann noch Gutes tun?

Sèvres, den 4. April 1971

III

In der Bruderschaft haben wir die Gewohnheit, gemeinsam zu singen, gemeinsam zu essen und gemeinsam zu meditieren. Warum? Weil unsere Lehre neue Methoden bringt, damit die Menschen lernen, brüderlicher zu leben. Ihrer Natur nach neigen die Menschen dazu, sich zu individualisieren, sich zu isolieren und sogar sich untereinander feindselig zu verhalten, was zu vielen Anomalien führt. Mehr und mehr, sogar in den Familien, stellt man die Tendenz fest, sich voneinander zu entfernen. Man versteht sich nicht mehr, man kann sich nicht mehr in die Lage der anderen hineinversetzen.

Doch gibt es immerhin drei Momente, wo die Menschen bereit sind, miteinander zusammen zu sein. Das ist beim Singen, beim Essen und beim Beten. Aber jenseits dieser Momente sind sie getrennt, isoliert und sogar feindselig...

Gemeinsames Singen trägt bereits sehr viel dazu bei, im Einklang zu schwingen, sich anzugleichen, sich zu harmonisieren. Die Vibrationen, die Auren aller Brüder und Schwestern vereinen sich, verschmelzen. Die Leute haben immer Angst, ihre Freiheit und ihre Unabhängigkeit zu verlieren, wenn sie mit anderen zusammen sind. Sie wissen nicht, dass sie im Gegenteil auf diese Weise noch freier werden können! Was in den spirituellen Lehren am meisten fehlt, ist gerade diese Gewohnheit, gemeinsam zu singen. Bei ihnen ist es der Intellekt, der vorherrscht, die Suche nach Wissen und Macht, worauf sie so stolz sind, und sie sind immer getrennt, isoliert; man spürt keine Liebe unter ihnen, es ist kalt und eisig. Hier hingegen bemüht man sich um ein wenig Wärme, um sich anzunähern. Wenn es allen gelingt, mit Herz und Seele gemeinsam zu singen, wird man immer mehr diese Harmonie spüren, die Frieden, Freude und Gesundheit bringt. Nur sehr wenige wissen, dass die Lieder lichtvolle Wesen der unsichtbaren Welt anziehen, Engel, die uns ihre Segnungen bringen, aber natürlich nur unter der Bedingung, dass man nicht mechanisch, automatisch singt, sondern Seele und Geist an dem Gesang teilnehmen lässt. Darum ist es so wichtig, gemeinsam zu singen, wie wir es hier vor den Mahlzeiten tun, damit die Geister des Himmels diesem so bedeutungsvollen Augenblick beiwohnen, in dem wir, mit Hilfe der Nahrung, uns mit dem Fleisch und dem Blut Christi verbinden.

Und wenn wir am Morgen zusammen sind, um beim Sonnenaufgang oder im Saal zu meditieren und zu beten, geschieht auch dabei ein Verschmelzen, eine Vereinigung. Viele werden sagen, sie wollen keine Einheit, sie wollen von den anderen verschieden, getrennt sein... Sollen sie tun, was sie wollen, aber sie sollten wissen, dass sie auf den Tod zuschreiten. In Wirklichkeit sind wir nach einem einzigen Modell gebaut, wir haben das Bedürfnis zu verstehen, wir haben das Bedürfnis zu lieben, wir haben das Bedürfnis, etwas zu erschaffen. Es sind die unwissenden Menschen, die diese verderbliche Philosophie erfunden haben, der zufolge alle verschieden sein müssen, das heißt, alle verrückt, alle geisteskrank! Nein, meine lieben Brüder und Schwestern, die kosmische Intelligenz hat uns so erschaffen, dass wir alle dieselben Fähigkeiten, dasselbe Licht, dieselbe Schönheit, dieselben Wahrheiten und dieselben Freuden haben. Und dafür muss man sich einander beständig annähern, aber nicht hier, nein, sondern oben, wo wir unseren Ursprung haben. Je mehr man sich daher dieser Einheit annähert, desto mehr schwingt man im Einklang, desto glücklicher und lichtvoller ist man.

Nach jedem Lied verweilen wir einige Minuten in der Stille, um mit Hilfe des Denkens und der Vorstellung einen Schöpfungsakt auszuführen, indem wir der ganzen Menschheit Lichtwellen senden. Denn hier lernen wir, nicht eine Minute ohne eine für uns selbst und für die ganze Welt heilsame Aktivität zu verweilen. Es gibt jetzt tausende von Personen, die unsere Ideen teilen, weil sie sich verbreiten; in den Zeitschriften, im Radio, im Fernsehen beginnt man diese Ideen zu präsentieren. Noch vor einigen Jahren gab es nichts von alledem, und man machte sich sogar über diese Dinge lustig. Doch die Bruderschaft sendet Wellen überallhin in die Welt, und die Gehirne, die vorbereitet sind, fangen sie auf. Es ist eine gigantische Arbeit, die wir zum Wohle der Menschheit ausführen.

Hier ist es nicht wie auf den Universitäten, wo man vier, fünf oder sechs Jahre studiert und sie dann verlässt. Hierher kommt man nicht, um Wissen anzusammeln, sondern um mit der Bruderschaft für das Wohl der gesamten Menschheit zu arbeiten. Man sollte an unserer so wesentlichen Arbeit teilnehmen. Es gibt nichts Ruhmreicheres als für das Reich Gottes und seine Gerechtigkeit auf Erden und das Goldene Zeitalter unter den Menschen zu arbeiten.

Le Bonfin, den 5. August 1975

IV

Ich werde euch heute etwas über die Formel erzählen, die wir regelmäßig vor und nach den Mahlzeiten aussprechen: »Boschjata ljubov nossi pălnia schivot«: Die göttliche Liebe bringt die Fülle des Lebens.*

Es war Meister Peter Danov, der uns diese und noch viele andere Formeln gegeben hat. Ich möchte mich jedoch besonders mit dieser befassen.

Jeder hat ein Bedürfnis nach Liebe, das Bedürfnis zu lieben und geliebt zu werden. Unter verschiedenen Formen, verschiedenen Manifestationen. Kein Geschöpf macht da eine Ausnahme. Man schreibt, man spricht, man singt über die Liebe. Das ganze Leben dreht sich um dieses Wort »Liebe«: Tragödien, Komödien, Tragikomödien... Aufgrund der Liebe ist man schöpferisch aktiv, erbaut, tötet sich, führt Kriege... Aber lassen wir die anderen sich mit dieser menschlichen Liebe beschäftigen und bleiben wir bei der Liebe Gottes.

Diese Liebe, die Männer und Frauen ausschließlich gegenseitig beim anderen suchen, ist in Wirklichkeit überall in der Natur verbreitet: in der Nahrung, im Wasser, in der Luft, der Sonne, den Sternen... Und das ist die Liebe Gottes. Sie ist überall verteilt, aber in einer so ätherischen, feinstofflichen, lichthaften Form, dass die Menschen sie nicht wahrnehmen, sie nicht spüren. Und doch ist das, was die Männer bei den Frauen und die Frauen bei den Männern suchen, in Wirklichkeit nur dieses unwägbare Element. Wenn sie sich umarmen, was haben sie empfangen? Sie haben dem anderen nichts weggenommen, was sie essen oder trinken könnten. Und weil sie nicht verstanden haben, dass sie nicht nach einem Körper oder nach etwas zum Festhalten, Berühren oder Besitzen suchen, sondern nach einem feinstofflichen Element, sind sie immer

* Diese Formel wurde später geändert in »Boschjata ljubov rasreschava vsitschkite problemi«: Die göttliche Liebe löst alle Probleme.

enttäuscht. In Wirklichkeit ist es nur dieses feinstoffliche Element, das überall in der Natur verteilt ist, das die Männer und Frauen sich geben können – und das ihnen so schwer fällt zu geben.

Und eben das ist die Liebe Gottes. Diese Liebe, die man absorbieren, atmen kann, ist die einzige, die weder Unreinheiten noch Unzufriedenheit noch Kummer hinterlässt. Darum sind die Eingeweihten, die alles gegeben haben, um diese Liebe zu besitzen, derart glücklich, befriedigt in der Fülle, weil sie an dieser Quelle der Liebe, der göttlichen Liebe, trinken.

Ja, meine lieben Brüder und Schwestern, die Liebe Gottes bringt die Fülle des Lebens. Aber man muss wissen, in welchem Zustand man diese Liebe auffangen muss, die im ganzen Universum und auch in den Geschöpfen verbreitet ist, mit welcher inneren Haltung man am meisten von ihr profitieren kann. Das bedeutet eine grundlegende Änderung der Mentalität, die erfordert, dass man immer sensibler für die feinstoffliche Seite der Dinge wird und nicht allein für die materielle, greifbare Seite. Die Liebe Gottes ist überall, und man muss fähig sein, sich von dieser Liebe zu ernähren, weil sie außergewöhnliche Veränderungen im Menschen hervorruft. Dann ist man nicht mehr so schwach und den Umständen ausgeliefert; man ernährt sich von dieser Liebe und fühlt sich reich und unabhängig. Ob man geliebt wird oder nicht, man schwebt über allem, man ist reich, erfüllt und besitzt diese Liebe in sich selbst. Ihr meint, das sei schwierig zu verstehen. Ja, es ist schwierig, weil die Menschen nicht die feinstoffliche, lebendige, tiefe und unsichtbare Seite der Dinge suchen, die allein ihnen geben kann, was sie brauchen. Daher sind sie dann natürlich verwundbar.

»Boschjata ljubov nossi pălnia schivot.« Seit Jahren sprecht ihr diese Formel, ohne euch bewusst zu sein, dass sie eine ganze Lehre enthält. Die Liebe Gottes ist überall, aber um sie aufzufangen, bedarf es einer ganz bestimmten Einstellung. Diese Einstellung ist die der Kompassnadel, die immer auf den Polarstern ausgerichtet ist. Das bedeutet für den Menschen, dass er sein

Gesicht dem Herrn zuwenden muss und nicht seinen Rücken, wie die ganze Welt es zur Zeit tut. Man ist nicht mehr imstande, eine heilige innere Haltung zu pflegen. Man respektiert nichts und macht sich über alles lustig, und auf diese Weise verschließt man der wahren Liebe und dem wahren Leben alle Türen. Man glaubt übrigens nicht einmal, dass die Frage der Einstellung, der inneren Haltung gegenüber der Natur, gegenüber dem Leben, gegenüber Gott von so großer Bedeutung sein kann. Man bildet sich ein, dass man alles verstehen und erreichen kann, indem man jede beliebige Einstellung pflegt. Mein Gott, wie unwissend ist man doch! Und dabei kennt man doch die Chemie und weiß, dass man, um eine bestimmte Reaktion zu erzielen, dieses und jenes Element in der und der Menge nehmen und auf eine bestimmte Temperatur bringen muss... Wenn ihr diese Bedingungen nicht schafft, wird nichts geschehen, jeder weiß das; aber wenn es darum geht, Bedingungen zu erfüllen, um Resultate im inneren Leben zu erzielen, weiß man nichts mehr, versteht man nichts mehr.

Die Liebe Gottes bringt die Fülle des Lebens. Aber um sich dieser Liebe jetzt zu nähern, muss man zumindest das Bedürfnis nach ihr verspüren und die Unermesslichkeit dieses Reichtums verstehen. Solange man nicht verstanden hat, wird man diese kleine, begrenzte Liebe suchen, die immer Schmutz und Leiden hinterlässt oder aber »die große Liebe!«, was noch schlimmer ist, denn diese Liebe ist ein Feuer, das alles verbrennt; sie ist ein Brand und da, wo er hindurchfegt, bleibt nichts mehr übrig. Sicher, die menschliche Liebe gibt euch immerhin ein paar Krümel zum Knabbern, nur muss man teuer, sehr teuer dafür bezahlen, mit der göttlichen Liebe hingegen lebt ihr in der Fülle.

Ich will damit nicht sagen, dass man die menschliche Liebe ablehnen sollte, nein. Man sollte seine Familie, seine Frau (oder seinen Ehemann) und seine Kinder lieben, aber zugleich sich der anderen, göttlichen Liebe annähern, weil ihr, was immer ihr auch tut, die anderen ohne diese Liebe nicht glücklich machen könnt. Ihr könnt ihnen die menschliche Liebe geben, doch werden sie niemals vollständig zufrieden gestellt sein. Die Menschen wissen selbst nicht, was sie suchen. Sie glauben, die menschliche Liebe zu suchen, aber im Grunde ist es die göttliche Liebe, die sie suchen und brauchen: Unermesslichkeit, Grenzenlosigkeit, die ganze Schönheit der Natur und der Geschöpfe. Aber wie viele Boutiquen wird man aufsuchen, bis man dort hingelangt! »Gebt mir Liebe... Gebt mir die Fülle...« Aber keine Boutique besitzt sie. Allein der Herr, Er besitzt sie, und man muss sie bei Ihm suchen.

Seht nur, was mit all diesen Menschen geschieht, die bei einer Boutique stehen geblieben sind. »Boutique«, das heißt natürlich eine hübsche Frau oder ein netter Mann!

Nach einer gewissen Zeit ist alles ausgeschöpft und sie gehen zu einer anderen, vor kurzem eröffneten Boutique: die Ware ist frischer, die Werbung besser, das Schaufenster besser gestaltet, es gibt mehr Licht, mehr Farbe... Aber auch da zerbröckelt alles wieder nach einiger Zeit, es löst sich auf, weil es nicht göttlich war. Göttlich ist nur, was unerschöpflich und ewig ist, und dabei sollten die Menschen verweilen: bei der Liebe Gottes.

»Boschjata ljubov nossi pălnia schivot. Die göttliche Liebe bringt die Fülle des Lebens.« Ihr seht, die Worte, die wir vor und nach den Mahlzeiten wiederholen, sind von außerordentlicher Kraft. Eines Tages werden die Menschen gewahr werden, dass nur die Liebe Gottes ihnen die Fülle bringen kann. Anstatt daher diese Formel mechanisch auszusprechen, sollte man von jetzt an um mehr Aufmerksamkeit bemüht sein und sich fragen: »Wie kann ich mich dieser göttlichen Liebe nähern, wie sie verstehen, wie sie fühlen?«

Lyon, den 20. März 1966

Kapitel 3

Der Zustand, in dem man den ersten Bissen zu sich nimmt, ist äußerst bedeutsam. Man sollte sich daher vorbereiten, dies in der bestmöglichen Verfassung zu tun, weil dieser erste Bissen das ganze innere Räderwerk in Gang setzt. Wenn ihr in einem harmonischen Zustand zu essen beginnt, wird auch alles Übrige auf harmonische Weise ablaufen.

Der wichtigste Augenblick einer Handlung ist ihr Beginn, denn er setzt Kräfte in Bewegung, die auf ihrem Weg nicht anhalten, sie gehen bis zum Ziel.

Ihr umarmt ein Mädchen, das ist zunächst nichts besonderes, eine unbedeutende Tat, aber zugleich löst ihr sehr viele andere, mächtigere Kräfte aus, so dass diese Kräfte sich einen Weg bahnen, euch sehr weit gehen lassen und ihr euch nicht mehr stoppen könnt. Ihr seid auf einem Berg und habt über euch einen riesigen Felsbrocken, der bei der geringsten Erschütterung den Hang hinab zu rollen droht. Es hängt dann von euch ab, ob ihr ihn in Ruhe lasst oder ihn anstoßt. Wenn ihr ihn in Bewegung versetzt, könnt ihr ihn nicht mehr stoppen und er wird euch zermalmen und viele andere mit euch. Wenn ihr die Tore einer Schleuse öffnet, dann versucht einmal, das Wasser aufzuhalten...! Am Anfang seid ihr der Herr, aber nachher nicht mehr. Wenn Aufwiegler die Menge aufhetzen, werden auch sie sie nicht mehr beherrschen können. Darum heißt es: »Wer Wind sät, wird Sturm ernten.« Bevor man ein Wort äußert, einen Blick wirft, einen Brief aussendet, ein Signal für einen Krieg gibt, hat man alle Macht, aber danach ist es vorbei; man ist nur noch Zuschauer und oft sogar das Opfer.

Es heißt in der Bibel: »Am Anfang schuf Gott Himmel und Erde...« (Gen 1,1) und »Am Anfang war das Wort...« (Joh 1,1). Die Eingeweihten wissen um die Bedeutung des Anfangs. Wenn ihr am Anfang harmonische, positive, lichtvolle Kräfte auslöst, werden sich in der Folge großartige Ereignisse abspielen, denen ihr euch nicht einmal widersetzen könnt. Ihr seid wiederum Zuschauer und Opfer von Kräften, die ihr ausgelöst habt, aber was für ein Opfer! Ihr bekommt viel Liebe, Licht, Freundlichkeit und Schönheit.

Indem wir uns sammeln und einige Minuten vor jeder Mahlzeit singen, schaffen wir einen guten Anfang, damit diese Handlung des Essens zu einer göttlichen Handlung wird. In diesen paar Minuten der Meditation sollt ihr euch der Bedeutung der Gesten, die ihr ausführen werdet, bewusst werden, damit ihr sie während der ganzen Mahlzeit beherrschen könnt. Auf diese Weise könnt ihr auch eure Gedanken und eure Gefühle beherrschen. Diejenigen, die sich in diesen kurzen Augenblicken der Stille die Bedeutung der Ernährung ins Bewusstsein rufen und auch der inneren Haltung, die man während der Mahlzeit einnehmen sollte, werden Herr der Lage sein. Sie verleihen ihren Gesten eine wunderbare Geschmeidigkeit, Harmonie, Sanftheit und Liebe, was sich dann auf ihnen widerspiegeln und sie dem Herrn näher bringen wird.

Vergesst niemals die Bedeutung des Anfangs. Selbst vor dem Einschlafen sollte man wachsam sein, um einen guten Übergang vom Wachen in den Schlaf zu haben. Eine schlecht begonnene Handlung droht immer auch schlecht zu enden. Wenn ihr mit einer heftigen Bewegung beginnt, werden darauf all eure Gesten heftig und disharmonisch sein. In manchen Fällen kann man innehalten, um seinen Handlungen bewusst einen neuen, besseren Ablauf zu geben, aber man sollte dies besser von Anfang an tun.

In Wirklichkeit ist alles von Bedeutung. Am Ende einer Mahlzeit meditieren wir aufs Neue, um sie auch auf bestmögliche Weise zu beenden. Wir danken dem Herrn und sorgen für einen guten Beginn der verschiedenen Arbeiten, die auf uns warten. Vergesst also niemals, dass jede Aktivität ihren Anfang hat, und dass dieser Anfang der wesentliche Augenblick ist.

Bonfin, den 12. September 1966

Kapitel 4

Der Mensch weiß in etwa, welche Nahrung er seinem physischen Körper geben muss. Ich sage »in etwa«, denn die meisten Menschen essen Fleisch. Das ist für ihre physische und psychische Gesundheit schädlich.

I

Ob man nun Philosoph ist und Tag und Nacht mit Büchern verbringen will oder ob man bis über beide Ohren in einen Mann oder eine Frau verliebt ist, es kommt immer der Moment, wo man gezwungen ist, seine Bücher oder die geliebte Person beiseite zu lassen, um ans Essen zu denken. Aber obwohl die Menschen drei- oder viermal am Tag essen, und sogar noch öfter, haben sie bis heute nicht den Sinn des Wortes »Ernährung« in allen Bereichen verstanden.

Die Ernährung ist eine sehr weit reichende Angelegenheit, denn sie beschränkt sich nicht allein auf Nahrungsmittel und Getränke, die wir für gewöhnlich zu uns nehmen. Die Nahrung, dazu gehören auch Töne, Düfte und Farben. Besonders die Wesen der unsichtbaren Welt ernähren sich von Düften. Zum Beispiel entstammt der Brauch, in den Kirchen Weihrauch zu verbrennen, diesem sehr alten Wissen, dass die lichtvollen Geister von reinen Düften angezogen werden, wie dem des Weihrauchs, die höllischen Geister hingegen durch ekelhafte Gerüche. Die Töne und Farben sind auch Nahrung für die unsichtbaren Geister und können also dazu dienen, sie anzuziehen. Darum stellt man Engel sehr oft musizierend dar, mit Gewändern in himmlischen Farben gekleidet.

Es wurde gesagt: »Ihr seid Tempel des lebendigen Gottes.« Man sollte diese Tempel daher nicht durch unreine Nahrung beschmutzen. Wenn die Menschen wüssten, in welchen spirituellen und himmlischen Fabriken sie erschaffen wurden, würden sie der Nahrung, die dem Bau dieses Tempels dient, in dem Gott wohnen soll, viel mehr Beachtung schenken. Leider ähneln die meisten eher Friedhöfen voller Kadaver als Tempeln, weil sie Fleisch essen.

Jedes Geschöpf, ob Tier oder Mensch, fühlt sich dazu getrieben, eine bestimmte Nahrung auszuwählen, und diese Wahl ist stets sehr aufschlussreich. Wenn ihr wissen wollt, zu welchen Ergebnissen fleischliche Nahrung führt, geht und besucht einen Zoo, und ihr wisst sofort Bescheid. Um dies festzustellen, braucht man allerdings nicht einmal bis in den Zoo zu gehen. Man findet im Leben menschliche Musterexemplare aller Tiergattungen, und selbst solche, die nicht in den Zoos herumlaufen, wie zum Beispiel Mammuts, Dinosaurier und andere prähistorische Ungeheuer. Aber haben wir Mitleid und bleiben wir beim Zoo. Man stellt fest, dass die großen Fleischfresser wilde Tiere sind und um sich herum einen scheußlichen Gestank verbreiten, die Pflanzenfresser hingegen haben viel friedlichere Lebensgewohnheiten. Die Nahrung, die sie zu sich nehmen, macht sie weder gewalttätig noch aggressiv, während das Fleisch die Fleischfresser reizbar macht. Ebenso fühlen sich die Menschen, die Fleisch essen, immer zu zerstörerischem Tun gedrängt.

Ihr müsst auch wissen, dass die Tiere die Gefahr vorausahnen, sobald man sie zum Schlachthaus führt. Sie spüren, was sie erwartet und haben Angst. Diese Angst ruft eine Störung in der Funktion ihrer Drüsen hervor, die dann ein Gift absondern. Nichts vermag dieses Gift wieder auszuscheiden, das sich im Organismus des Fleischessers ansammelt, und sein Vorhandensein ist natürlich nicht gerade günstig für die Gesundheit des Menschen und auch nicht für seine Lebensdauer.

Der Unterschied zwischen fleischlicher und vegetarischer Nahrung besteht in der Menge der darin enthaltenen Sonnenstrahlen. Früchte und Gemüse sind so sehr von Sonnenlicht durchdrungen, dass man sie als eine Kondensation des Sonnenlichts bezeichnen kann. Wenn man eine Frucht oder Gemüse isst, absorbiert man daher Sonnenlicht, das keine Abfälle in uns hinterlässt. Fleisch hingegen ist eher arm an Sonnenlicht und verfault daher auch schnell; doch alles, was schnell fault, ist schädlich für die Gesundheit. Außerdem müsst ihr wissen, dass alles, was wir an Nahrung aufnehmen, in uns zu einer Antenne wird, die ganz bestimmte Wellen auffängt. Auf diese Weise verbindet uns das Fleisch mit der Astralwelt. In der Astralwelt wimmelt es von Wesen, die sich gegenseitig wie die Raubtiere verschlingen, und wenn wir Fleisch essen, sind wir täglich in Kontakt mit der Furcht, Grausamkeit und Sinnlichkeit der Tiere. Wer Fleisch isst, unterhält in seinem Körper ein unsichtbares Band mit der Welt der Tiere, und er wäre selbst entsetzt, wenn er die Farbe seiner Aura sehen könnte.

Indem man Tiere tötet, um sie zu essen, nimmt man ihnen das Recht zu leben und sich zu entwickeln. Jeder Mensch wird daher von all den Tierseelen begleitet, deren Fleisch er gegessen hat. Obwohl die Seele der Tiere derjenigen von Menschen nicht gleicht, haben sie doch auch eine Seele. Wer vom Fleisch eines Tieres gegessen hat, ist verpflichtet, dessen Anwesenheit in sich zu ertragen, und diese Anwesenheit äußert sich durch Zustände, die typisch sind für die Tierwelt. Darum gehören viele Verhaltensformen der Menschen in Wirklichkeit nicht zum Reich der Menschen, sondern zum Tierreich. Der wahre Mensch ist noch nicht in Erscheinung getreten.

Die Nahrung, die wir essen, gelangt in unser Blut und von dort zieht sie spezielle Wesenheiten an. Es heißt in den Evangelien: »Wo sich Kadaver befinden, da versammeln sich die Geier.« Das ist wahr für die drei Welten, die physische, die astrale und die mentale. Wenn ihr euch daher auf den drei Ebenen wohl fühlen wollt, zieht nicht mit Kadavern die Geier an. Der Himmel manifestiert sich nicht durch Menschen, die sich von physischen, astralen oder mentalen Unreinheiten erfassen lassen.

Das Fleisch entspricht also einem besonderen Element in den Gedanken, Gefühlen und Handlungen. Wenn ihr träumt, dass ihr Fleisch esst, müsst ihr sehr aufmerksam und wachsam sein, weil das darauf hinweist, dass ihr ganz bestimmten Versuchungen ausgesetzt sein werdet, wie zum Beispiel, Gewalt anzuwenden, euch durch sinnliche Begierde verführen zu lassen oder egoistische und ungerechte Gedanken zu haben, denn für all das steht das Fleisch: für Gewalt auf physischer Ebene, Sinnlichkeit auf der Astralebene und Egoismus auf der Mentalebene.

Dem Anschein nach wird ein Krieg durch ökonomische oder politische Fragen verschuldet, aber tatsächlich ist er das Ergebnis all der Massaker, die wir den Tieren antun. Das Gesetz der Gerechtigkeit ist unerbittlich und zwingt die Menschheit zu bezahlen, indem sie genauso viel Blut vergießt wie die Menschen Tierblut vergossen haben. Wie viele Millionen Liter Blut wurden auf der Erde vergossen, die nach Vergeltung zum Himmel schreien! Die Verdunstung dieses Blutes zieht nicht nur Mikroben an, sondern Milliarden von Larven und niederen Wesenheiten der unsichtbaren Welt.

Wir töten die Tiere. Doch die Natur ist ein Organismus, und wenn wir Tiere töten, ist es so, als würden wir bestimmte Drüsen dieses Organismus anregen! In diesem Moment verändern sich die Funktionen, und kurze Zeit später bricht bei den Menschen der Krieg aus. Ja, weil man Millionen von Tieren dahingeschlachtet hat, um sie zu essen, ohne zu wissen, dass sie mit Menschen verbunden waren, und dass diese Menschen daher mit ihnen sterben müssen. Indem man die Tiere tötet, tötet man Menschen. Alle sagen, dass endlich Frieden in der Welt herrschen sollte, dass es keine Kriege mehr geben dürfte... Aber der Krieg wird solange dauern, wie wir weiterhin Tiere töten, denn indem wir sie töten, zerstören wir etwas in uns selbst.

Sèvres, den 14. November 1945

II

Sehr wenige Menschen haben beobachtet, dass die Gesetze, die in der physischen Welt wirken, dieselben sind, die in der inneren Welt wirken.

Wenn ihr zum Beispiel etwas Schädliches, Giftiges esst, trinkt oder einatmet, fühlt sich euer gesamter Organismus unwohl, was sogar so weit gehen kann, dass der Tod die Folge ist. Die Organe unseres Körpers sind aufeinander abgestimmt, um gemeinsam für die Einheit, für das Wohl des ganzen Menschen zu arbeiten. Wenn daher ein fremdes, anarchistisches Element eindringt, das diesem Gesetz nicht gehorcht, ist es eine Ursache für Störungen. Nun, warum begreift man nicht, dass sich das Gleiche auch im psychischen Bereich abspielt, und dass wir auch durch unsere Gedanken, Gefühle und Wünsche schädliche, disharmonische Elemente einschleppen können, die sich der Harmonie unseres gesamten inneren Wesens widersetzen, wo dann Unordnung, Schwächen und Leiden die Folge sind?

Tag und Nacht nähren die Menschen fremde, schädliche Elemente und fühlen sich daher beunruhigt und geplagt, weil sie Unreinheiten in sich haben eindringen lassen. Es war so viel von Reinheit und Unreinheit die Rede – besonders in der Religion – und doch hat alles, was man darüber sagen konnte, meist nur dazu beigetragen, diese Frage zu vernebeln. Unreinheiten sind ganz einfach fremde Materialien für den menschlichen Organismus und daher unerwünscht. Diese Materialien sind vielleicht an sich nicht unrein, aber man betrachtet sie als unrein, weil sie sich nicht in den Aufbau des Menschen einfügen, das heißt in den Aufbau seines physischen und psychischen Wesens. Sie sind daher schädlich und man muss sich ihrer entledigen. Das ist nicht schwer zu verstehen, jeder, selbst ein Kind, kann das verstehen. Seht einmal, wenn Kinder im Dreck gespielt oder sich mit Eis oder Schokolade beschmiert haben, wissen sie genau, dass die Erwachsenen nicht glücklich darüber sind, sie in diesem Zustand zu sehen, und sie wagen es kaum, sich so zu zeigen. Wenn sie hingegen ein hübsches Kleid oder eine schöne Hose anhaben, tun sie alles, um sich zu zeigen, damit man sie bemerkt.

Das ist nicht schwer zu verstehen; schwierig ist nur, dem abzuhelfen, die Natur der Elemente, die man aufnimmt zu kennen und sich zu überwachen, um nichts Schädliches eindringen zu lassen. Ohne sich dessen bewusst zu sein, stopfen die Menschen ihren Kopf und ihr Herz voll mit scheußlichen Elementen, und nach einigen Jahren sind sie innerlich so schmutzig, ist alles in ihnen so verfault und vermodert, dass man sie nicht mehr ertragen kann. Selbst ihre Familie und ihre Freunde beginnen, sich zu entfernen. Sie halten sich die Nase zu und lieben sie nicht mehr. Denn man liebt immer die Reinheit. Betrachtet ein junges Mädchen oder einen Jungen, die rein sind, sie sind anziehend für jeden. Oder einen Kristall, einen Diamanten, Edelsteine oder auch frische Blumen und Früchte, jeder liebt sie und jeder ist davon beeindruckt.

Aber ich habe euch bereits viel über die Reinheit erzählt, in Verbindung mit der Sephira Jesod*. Die Reinheit ist eine ganze Wissenschaft, denn sie ist die Grundlage aller anderen Errungenschaften, von Gesundheit, Schönheit, Kraft, Intelligenz... Ja, selbst Intelligenz. Das erstaunt euch? In der Vergangenheit, als es noch keine Elektrizität gab, benutzte man Petroleumlampen, und jeden Tag musste die Hausfrau das Glas säubern, sonst hätte selbst die brennende Lampe kein Licht mehr gegeben, weil der Ruß, der sich daran abgesetzt hatte, das Licht nicht hindurch ließ. Nun, dasselbe geschieht mit dem Gehirn, das allmählich nicht mehr klar sieht, sobald es mit Unreinheiten gesättigt ist.

Die Reinheit, das ist die Basis der Lehre der Universellen Weißen Bruderschaft. Und all die menschlichen Philosophien, die dieser göttlichen Philosophie widersprechen, werden eines Tages hinweggefegt, weil sie auf Lügen und Unwissenheit gegründet

* Siehe Band 7 »Die Mysterien von Jesod« aus der Reihe Gesamtwerke.

sind. Das wird nicht mehr toleriert. Ich wiederhole daher: Die Reinheit ist die Basis der Lehre der Universellen Weißen Bruderschaft. Das erklärt, warum man bestimmte Nahrung essen und sich mit bestimmten Gegenständen umgeben sollte, warum man bestimmte Unterhaltungen führen und bestimmte Gedanken und Gefühle nähren sollte. Solange die Menschen unbewusst sind und alle Unreinheiten ansammeln, indem sie alles Mögliche essen, alles Mögliche lesen und reden, sind sie krank und unglücklich. Nun, meditiert darüber.

Bonfin, den 7. Juli 1972

III

Frage: »Man hört oft, dass die 13 eine Unglückszahl sei und ganz besonders, dass niemals 13 Personen an einem Tisch sitzen sollten. Würden Sie uns sagen, was man davon halten soll?«

Die Zahl 13 mag keine Unreinheiten und sie bekämpft sie. Da sie zudem sehr aktiv, sehr dynamisch ist, kann sie diejenigen verwirren, denen es an den weiblichen Qualitäten wie Güte, Liebe und Sanftmut mangelt, um ihren Einfluss zu kompensieren. Man muss sehr rein und voller Liebe sein, um sich mit der Zahl 13 wohlzufühlen.

Der Kabbala zufolge ergibt die Summe der Buchstaben des Wortes »ahava« (die Liebe) 13, und die des Wortes »ehad« (Eins) ergibt ebenso 13. Das ist kein Zufall. Die 13 ist eine sehr bedeutsame Zahl: Jesus und seine 12 Jünger, die Sonne und die 12 Sternzeichen...

Auf der physischen Ebene ist die Zahl 13 mit dem Kreuz verbunden, das heißt mit den Leiden, dem Gefängnis. Das Kreuz ist die Entfaltung des Würfels im zweidimensionalen Raum, und der Würfel repräsentiert schematisch gesehen die Begrenzungen, ein Gefängnis. Für diejenigen, die nicht rein sind bringt daher die 13 Leiden, Begrenzungen und Gefängnis.

Dennoch, wenn die Zahl 13 auf unheilvolle Weise auf die Menschen einwirkt, so liegt das nicht an ihr, sondern an der besonderen Art, wie jeder ihren Einfluss und die Einflüsse seiner Umgebung empfängt. Das gilt genauso für Wasser, Luft, Licht und sogar für die Nahrung. Jeder Mensch nimmt sie auf besondere Weise auf, das ist jeweils abhängig von seiner Gesundheit, seiner Struktur und dem Grad seiner Entwicklung. Manche werden angeregt, andere werden krank und wieder andere beginnen nachzudenken. Wenn ihr Augenprobleme habt, stört euch das Licht und ihr sagt: »Zieht den Vorhang zu, das Licht tut mir weh!« Ein anderer hingegen wird rufen: »Lasst ihn auf, das Licht tut mir gut.« Wenn jemand, der erkältet ist, einen Luftzug verspürt, wird er sagen: »Schließt die Fenster, ich werde mich noch mehr erkälten!« Und sein Nachbar, kerngesund, ruft: »Fenster auf, ich ersticke.«

Für sich selbst genommen sind die Zahlen, wie viele Dinge im Leben, neutral, aber sie wirken verschieden je nach den Personen, die mit ihnen zu tun haben. Im Allgemeinen ist die Zahl 13 sehr günstig für die Heiligen, die Propheten und die Eingeweihten, die anderen Menschen hingegen bringt sie durcheinander, beunruhigt und bestraft sie; sie kann sogar sehr schlimme Ereignisse hervorrufen. Da sie eine Zahl ist, die säubert, die reinigt, werden diejenigen, die die Säuberung nicht aushalten können, abgewiesen oder eliminiert. Deshalb hat die Mehrheit beschlossen, sie zu meiden. Die Eingeweihten haben niemals Angst vor ihr, denn sie können bewusst ihren schädlichen Einfluss ausgleichen oder sogar mit Hilfe des Denkens eine Wesenheit der unsichtbaren Welt anrufen, um die 14 herzustellen. Aber man sollte es besser vermeiden, mit 13 Personen an einem Tisch zu sein. Es ist seltsam, aber oft treffen Unglück und Unfälle, die in dem Moment geschehen, den Jüngsten, der sogar daran sterben kann. Ja, ich habe selbst solche Ereignisse beobachtet und gesehen, dass das kein Aberglaube ist.

Wie viele Geschehnisse dieser Art habe ich schon beobachtet! Was zum Beispiel die Seife betrifft. Ja, man darf sich nie ein Stück Seife in die Hand geben... Es war in Bulgarien, im Rilagebirge, ich war noch sehr jung. In der Bruderschaft hatten wir eine sehr betagte Schwester, die ich sehr gern hatte, weil sie sehr mystisch war. Sie erzählte mir oft von ihren Erfahrungen und ich hörte ihr sehr gerne zu. Zwischen uns gab es eine großartige Harmonie, niemals Diskussionen, niemals Missverständnisse. Aber an einem Morgen in den Bergen hat sie mir ein Stück Seife gereicht, das ich genommen habe, um mich zu waschen. Danach haben wir uns den ganzen Tag lang nur gestritten. Ich begriff nicht was geschehen war. Ich habe gesucht und gesucht und mich schließlich daran erinnert, dass ich irgendwo in einem Buch gelesen hatte, dass man sich niemals ein Stück Seife in die Hand geben sollte. Es war also keine Einbildung. War es ein Zufall? Ich erzähle euch nur, was mir geschehen ist.

Wenn man jetzt natürlich all die Überlieferungen und Vorschriften dieser Art untersuchen wollte, würde man mehrere Bände füllen, denn jedes Land besitzt seine eigenen, und besonders die primitiven Völker mit all ihren Bräuchen hinsichtlich Eheschließung, Geburten oder Riten, die zur Zeit der Pubertät zu beachten sind. Es mag sein, dass sie in vielen Bereichen Recht haben, dank ihrer Hellsicht, ihrer medialen Veranlagung und ihrer Kommunikation mit den Wesen der unsichtbaren Welt. Aber ich denke, dass man nicht all diese Details beachten kann, denn sonst wäre man durch die vielen Kleinigkeiten so begrenzt und eingeengt, dass man niemals etwas Großes unternehmen könnte. Nehmen wir die Astrologie. Die Astrologen raten euch, eine bestimme Arbeit zu der und der Stunde am Tag oder in der Nacht auszuführen, weil ihr genau in dem Moment in Verbindung mit dem entsprechenden Planeten, dem Geistwesen oder planetarischen Genie tretet. Ich glaube an die Astrologie, sie stammt aus urdenklichen Zeiten. Sie war bei den Chaldäern, den Hindus, den Ägyptern, den Atlantern bekannt und viele sehr intelligente und sehr tiefsinnige Menschen haben damit gearbeitet. Aber im täglichen Leben kann ein Eingeweihter sich nicht so weit in seiner Arbeit begrenzen. Wenn jemand krank oder in Not ist, wird er nicht auf eine günstige Stunde, einen günstigen Monat oder ein günstiges Jahr warten, um ihm zu helfen!

Es ist ratsamer, dass diejenigen, die noch am Anfang der Studien des Einweihungswissens stehen, sich unterordnen und genau nach bestimmten Regeln, bestimmten Berechnungen arbeiten, sonst werden sie in ihren Unternehmungen keinen Erfolg haben. Aber das ist wahre Sklaverei, und die Eingeweihten bewegen sich außerhalb dieser Vorschriften, denn für sie ist jeder beliebige Moment des Tages und der Nacht günstig, um Gutes zu tun, selbst bei abnehmendem Mond und im Winter. Für die Schüler ist das anders, denn sie müssen lernen, bestimmte Regeln zu respektieren. Nur sollten sie wissen, dass bestimmte Bücher unsinnige Vorschriften enthalten: »Nehmt einen Zahn von einem Wolf!«... und Achtung, von einem Wolf, nicht von einem Hasen! »Findet eine Schwalbe, die...« natürlich nicht irgendeine... »und von dieser Schwalbe nehmt diesen oder jenen Teil.« Oder auch: »Findet jenen Fisch...«, den ihr Gott weiß wo findet, aber niemals im Meer. Und immer unauffindbare Dinge mit unverständlichen Worten. Wollten sich diese Autoren über die Leute lustig machen oder sie außer Atem bringen, um sie daran zu hindern, ihre Studien fortzusetzen? Auf alle Fälle rate ich euch, sich nicht mit solchen Dingen zu befassen.

Für das Licht, für das Gute, für die göttliche Arbeit ist der Moment immer günstig, ich wiederhole es, damit ihr es genau wisst. Nur sind die Aussichten auf Erfolg oder Misserfolg für die meisten Leute von vornherein festgelegt. Ihr wollt zum Beispiel bei jemandem vorsprechen. Wenn ihr den König, den Minister oder Direktor nicht persönlich kennt, müsst ihr von Büro zu Büro gehen und trotzdem wird eure Vorsprache vielleicht niemals zustande kommen. Wenn ihr den Direktor dagegen kennt, wenn er euer Freund ist, geht ihr direkt zu ihm hinein, um eure Bitte vorzutragen und ihr werdet sofort erhört. Es gibt dann für euch keine Vorschriften mehr und ihr wartet nicht mehr stundenlang in den Gängen.

Dasselbe gilt in der esoterischen Wissenschaft. Alles hängt davon ab, was ihr seid. Die Zahl 13 bringt manchen Erfolg und anderen Unglück. Ist die Zahl 13 schuld daran? Nein, es hängt davon ab, wer ihr seid und ob ihr sie zu nutzen wisst. Wenn es bewölkt ist, müsst ihr, da die Sonne nicht bis zu euch gelangt, trotzdem für Wärme und Licht sorgen. Aber nehmt einmal an, ihr wärt über den Wolken, die Sonne ist da und ihr braucht euch um nichts mehr zu sorgen. Über den Wolken herrschen andere Bedingungen, ihr seid in einem Bereich, wo andere Kräfte in Aktion treten. Das Gleiche gilt für die Arbeit. Solange man zu tief in der Materie steckt, gibt es immer Bedingungen zu erfüllen und Regeln zu beachten. Wenn man sich aber weiter oben befindet, ist das nicht mehr nötig.

Aber kommen wir zu den Zahlen zurück. Es existiert eine ganze Wissenschaft der Zahlenkombination, und diejenigen, die sie kennen, benutzen sie manchmal, um zu zerstören und anderen zu schaden. Außerhalb jeglicher Kombination sind die Grundzahlen 0, 1, 2, 3, 4, 5, 6, 7, 8, 9 an sich weder gut noch schlecht. Erst wenn man sie kombiniert, kann man Zahlen bilden, die destruktiv und schlecht sind oder aber günstig und segensreich. Schreibt nur eine Zahl auf jemandes Haustür oder gebt ihm eine Zahl, die er bei sich tragen kann – und schon wird ihm alles entweder gelingen oder ihm schaden. Was mich betrifft, ich glaube daran. Ich glaube daran, weil ich weiß, dass Zahlen Kräfte sind.

Oben, am Ursprung, sind die Zahlen Prinzipien, Wesenheiten und erst danach materialisieren sie sich auf der physischen Ebene. Nur auf der Ebene der Prinzipien ist die Mathematik abstrakt, immateriell, absolut, ideal. Aber dann steigt sie herab, um Gestalt anzunehmen. Die gesamte Natur, Berge, Flüsse, Bäume, Kristalle, Metalle, ja, alle Wesen und selbst die Menschen sind nichts anderes als materialisierte Zahlen. Wenn man die Frage vertieft, wird man entdecken, dass nichts außerhalb der Zahlen existiert, alles ist Zahl. Die Natur und das gesamte Universum sind auf den

Zahlen aufgebaut, die ein geometrisches, abstraktes, unzerstörbares Gerüst bilden, vergleichbar zum Beispiel mit dem Knochengerüst des menschlichen Körpers. Unter allen Wissenschaften ist allein die Mathematik vollkommen von der Materie losgelöst. Wenn man mit der Mathematik arbeitet, arbeitet man mit reinen Prinzipien, mit reinen Kräften, aber da man sie nicht zu entziffern weiß, begreift man nicht viel.

Wenn es den Menschen eines Tages gelingen wird, die Zahlen zu interpretieren, werden sie das ganze Universum begreifen. Im Augenblick arbeiten die Mathematiker ohne zu wissen, was in Wirklichkeit den Ergebnissen ihrer Berechnungen entspricht. Eines Tages werden sie entdecken, dass alle physischen, psychischen, spirituellen und kosmischen Vorgänge in den Zahlen erklärt sind, in den Funktionen, den Additionen, den Subtraktionen, den Multiplikationen, den Divisionen, den Quadratwurzeln usw.

Im Moment ist es noch nicht so weit, aber wenn man einmal die Zahlen zu interpretieren weiß, wird das der Gipfel des Wissens der Menschen sein. Ja, der Gipfel des Wissens wird sein, die Zahlen zu verstehen und mit ihnen zu arbeiten, weil sie die reinste Welt repräsentieren. Jede Zahl stellt eine Wirklichkeit, eine großartige Kraft dar. Wenn man den Glauben und das Wissen besitzt, kann man mit nichts als einer Zahl das Schicksal eines Menschen ändern. Alle Eingeweihten, Magier und Kabbalisten haben dies bestätigt. Auch ich wollte es nachprüfen und weiß, dass es die reine Wahrheit ist.

Ihr wendet ein: »Aber warum beeinflussen uns dann die Zahlen im täglichen Leben nicht mehr?« Weil wir zu weit von ihnen entfernt sind. Unter allen Wirklichkeiten, die wir kennen, sind die Zahlen die abstraktesten, dagegen reagieren wir sofort auf wahrnehmbare Wirklichkeiten wie Wärme, Kälte, den Geschmack von Nahrungsmitteln, die Düfte von Blumen, auf Töne usw. Die Zahlen aber sind so feinstoffliche Wirklichkeiten, so weit entfernt, dass sie uns unerreichbar scheinen. Und darum wirken sie nicht auf uns. Wenn man sich ihnen aber geistig nähert, spürt man sofort ihren Einfluss. Das ist wie mit den Gerüchen oder Klängen: Wenn ihr zu weit entfernt seid, gelangen sie nicht bis zu euch, aber nähert euch ihnen und ihr seid entsetzt oder ins Paradies versetzt.

In ihrem Prinzip, in ihrer Essenz sind die Zahlen sehr weit von uns entfernt. Dennoch sind Flüsse, Bäume und Berge Zahlen, jedoch so sehr verschleiert, dass man sie weder hören, noch fühlen oder erfassen kann. Man muss sich ihnen nähern, sie durchdringen und wird dann wahrnehmen, dass sie sprechen, singen und Düfte verströmen. Das ist zweifellos noch schwierig zu akzeptieren für euch, aber für mich ist es so. Ich weiß es, weil ich es berührt und es gekostet habe.

Man sollte daher keine Angst vor der Zahl 13 haben. Doch wie ich euch sagte, ist sie eine Zahl, die keine Unreinheiten mag. Man sollte es daher vermeiden, mit 13 Personen an einem Tisch zu sitzen, denn man weiß nie. Es kann sein, dass eine einzige Person oder auch mehrere die Folgen ausbaden müssen. Die Apostel und Jesus waren 13, und seht, wie es ausgegangen ist! Warum? Weil ein Einziger genügt hat, um alles zu verderben. Wenn Judas rein gewesen wäre, hätte es kein Unglück gegeben. Es ist immer die Unreinheit, die alles verdirbt. Wir sagen in Bulgarien: »Das grüne Holz brennt neben dem trockenen Holz!« Das heißt, neben ungerechten Leuten brennen selbst die Gerechten. Was hat Jesus Böses getan, dass er gekreuzigt wurde? Und die anderen Jünger? Doch haben alle außer Johannes ein gewaltsames Ende gefunden.

Erforscht genau und macht euch klar, dass alles von uns abhängt. Alles in der Natur ist gut gemacht, alles ist großartig, vollkommen, aber wir, wir müssen uns säubern, uns waschen, uns reinigen. Ich habe bereits vieles hinsichtlich dieses Themas erklärt.*

Ich habe euch oft gesagt, dass man, um eine gute Arbeit zu leisten, das kennen muss, was oben ist und das was unten ist, das Gute und das Böse. Wenn ihr das Böse nicht kennen lernen wollt, wenn ihr nur mit dem Guten arbeiten wollt, dann wird euch das

* Siehe Band 7 »Die Mysterien von Jesod« aus der Reihe Gesamtwerke.

Gute nicht gänzlich retten können. Man muss beide kennen. Viele Okkultisten und Spiritualisten haben diese Frage nicht genügend studiert, und ich muss euch einige Erklärungen dazu geben.

Stellt euch zum Beispiel vor, ihr fleht den ganzen Tag lang die Sonne an, sie möge euch ihr Licht bringen; wenn ihr dann vergesst, eure Vorhänge aufzuziehen, wird sie trotz all ihrer Kraft nicht zu euch hineinscheinen können. Dasselbe geschieht, wenn ihr in eurem Inneren bestimmte Vorhänge nicht beiseite zieht. Dann werden das Gute und das Licht euch auch niemals retten können. Man meint, dass sich das Gute in uns niederlässt, wenn man es anruft. Nein, das ist nicht möglich. Solange man nicht bestimmte unreine, schädliche Elemente entfernt hat, kreist das Gute außen herum, kann aber nicht eintreten. Die wahren Meister, die wahren Magier, die beide Seiten der Natur, Gut und Böse, erforschen, haben verstanden, dass man zuerst alle unreinen Teilchen und fluidalen Schichten, die an einem kleben, entfernen und verschwinden lassen muss, bevor man einen Gegenstand oder ein Wesen weihen und heiligen kann. Natürlich ist es gut mit dem Himmel in Verbindung zu treten, mit den Kräften des Guten. Aber man muss wissen, dass auf der materiellen Ebene zuerst alle Unreinheiten ausgetrieben und die Gegenstände davon befreit werden müssen, damit man sie anschließend mit Gutem auffüllen kann. Auf diese Weise muss man vorgehen, um Talismane und magische Gegenstände von großer Kraft zu imprägnieren oder um in sich selbst die Vollkommenheit des Himmels herzustellen.

Diejenigen jedoch, die folgende Worte nicht auszusprechen wagen: »Alles Böse verschwinde...! Alle negativen, schädlichen, dunklen, teuflischen Elemente mögen verschwinden!«, sie werden bei ihrer Arbeit keinen Erfolg haben. Das Gute ist da, aber wie eine Mauer, wie undurchsichtige Schichten, hindern die Unreinheiten es daran, einzudringen. Die Eingeweihten wissen, dass man dem Guten zuerst den Boden vorbereiten muss, damit es sich in uns niederlassen kann. Darum haben sie bestimmte Gebete und Formeln hinterlassen, die dafür bestimmt sind, das Böse zu entfernen. Es mag sein, dass diese Formeln manch einen schockieren, aber wenn man unwissend ist, ist man oft schockiert. Anstatt schockiert zu sein, sollte man das alles studieren.

Ich werde euch ein Bild geben. Ich fülle ein Glas mit Wasser, schneide einen Fisch aus einem Stück Papier aus, befestige an beiden Enden des Fisches jeweils ein Stückchen Kampfer und setze ihn aufs Wasser, und schaut, er beginnt sich zu bewegen. Wenn ich dann aber einen Tropfen Öl ins Wasser gebe, bewegt sich der Fisch nicht mehr. Eine winzig kleine Menge Öl hat also genügt, um die Bewegung zu stoppen. Das ist ein chemisches Gesetz. Interpretiert dies in der spirituellen Welt und ihr werdet herausfinden, dass ihr soviel Kampfer wie ihr wollt, in euch hineingeben könnt, das heißt Gebete oder gute Gedanken, und es wird überhaupt keine Wirkung haben, solange die feine Schicht Öl, das heißt die Unreinheit, da ist. Und wie ich euch gerade gesagt habe, kann die Sonne, die doch all die Planeten bewegt und sie nährt, nicht in euer Zimmer hineinkommen, wenn ihr die Vorhänge nicht beiseite zieht. Aber zieht sie beiseite und sie scheint sofort herein. Darum erzielen diejenigen, die diese wichtige Frage nicht genau untersucht haben, keine Ergebnisse.

Nehmt weiterhin an, ihr müsstet einer Armee Befehle geben. Wenn ihr nicht den genauen Ort angebt, wo sie kämpfen soll, wird sie woanders hin marschieren. Mit der spirituellen Arbeit ist es genauso, man muss alles präzisieren, selbst das Negative, um den segensreichen Kräften ein Ziel zu geben. Sonst werden sie einen anderen Ort angreifen und alle bösen Kräfte werden in euch verbleiben. Darum muss man in den Formeln und Gebeten negative Begriffe verwenden, um das Böse zu entfernen und dann positive Begriffe, um das Gute anzuziehen. Man muss mit beiden Kräften arbeiten. Allein mit dem Guten ist man nicht allmächtig. Wir leben in einer polarisierten Welt, also müssen wir mit beiden Kräften, mit dem Guten und mit dem Bösen arbeiten.*

* Siehe Band 210 »Die Antwort auf das Böse« aus der Reihe Izvor.

Heute gebe ich euch einen Schlüssel. Wie viele Irrtümer und Anomalien gibt es da ohne diesen Schlüssel! Befasst euch daher zunächst damit, alles zu entfernen, was sich seit Jahrtausenden angehäuft und angesammelt hat und schließlich alles in euch verstopft. Der Mensch lebt im kosmischen Ozean, wo er alles finden kann, was er braucht. Aber anstatt zu trinken ruft er: »Ich habe Durst, ich habe Durst!« Warum kann er nicht trinken? Weil alles in ihm verstopft ist. Sobald er sich seiner Unreinheiten entledigt, wird das kosmische Wasser sich sofort in ihn ergießen.

Alle religiösen Zeremonien beginnen mit Reinigungsriten, mit Waschungen, Räucherungen, magischen Formeln... Diese Riten setzen die Kenntnis des Guten voraus, aber auch die der Eigenschaften des Bösen und seiner Macht. Man weiß, dass das Gute lahmgelegt ist, solange etwas Feindliches anwesend ist; daher wäscht und reinigt man sich, und sobald man rein ist, treten die Tugenden des heiligen Geistes auf einen Schlag ein. Der heilige Geist ist allmächtig, aber nur wenn alles rein ist.

Das Gute ist mächtig... Natürlich, wem sagt ihr das? Wenn jemand an die Macht des Guten glaubt, so ich. Aber warum kommt es dann nicht, um die Menschen zu retten, sie zu heilen und intelligent zu machen? Weil sie ihm weder ihr Herz noch ihre Seele öffnen und das Gute kreist nur um sie herum, ohne eintreten zu können. Das Gute kommt nur zu denen, wo alles offen ist, zu denen, die es akzeptieren. Das Gute, das Gute...ja, das ist in Ordnung, aber das Böse? Man denkt nicht daran, es zu verjagen und das Gute wird sich nicht an unserer Stelle darum kümmern. Das, meine lieben Brüder und Schwestern, haben uns all die großen Menschen gelehrt, die in der esoterischen Wissenschaft unterrichtet waren. Ich offenbare euch nichts, was nicht wahr wäre, was nicht aus der Quelle kommt. Das, was ich euch mitteile, stimmt vollkommen mit der großen Überlieferung überein, die von diesen außergewöhnlichen Wesen stammt. Sie haben mir ihre Lehre anvertraut und ich bin ihr Erbe.

Vergesst dies niemals: Gut und Böse sind nur mächtig, wenn ihr ihnen das Eingreifen erlaubt, wenn ihr sie hereinlasst. Ich habe euch einmal gesagt, dass der Mensch genauso mächtig ist wie Gott, aber nur, wenn es darum geht, »nein« zu sagen. Wenn der Mensch nicht will, kann niemand ihn zwingen, weder der Himmel noch die Hölle. Wenn er aber erliegt, wenn er sich freiwillig mit dem Bösen verbindet, ist es aus, selbst der Himmel kann ihm dann nicht mehr helfen. Da er die Türen geöffnet hat, wird das Böse sehr mächtig in ihm. Aber solange die Tür verschlossen ist, kann das Böse lange drohen, der Mensch befindet sich in einer Art magischem Kreis, der ihn schützt. Wenn ein Magier eine Zeremonie vornimmt, umgibt er sich mit einem Kreis, den niemand übertreten kann. Dieser Kreis ist das Symbol seiner Allmacht. All die Dämonen sind außen herum und drohen und sind doch machtlos. Wenn aber der Kreis schlecht gezogen ist oder wenn der Magier unvorsichtig ist und ein wenig aus dem Kreis heraustritt, ist es vorbei, er wird zerschmettert. Der Mensch hat auch einen Kreis um sich herum, in den er nichts Unreines eindringen lassen darf. Wenn er innerhalb dieses spirituellen Kreises ist, in seiner Aura, die aus all seinen Tugenden und Qualitäten besteht und er unerschütterlich dort verharrt, ist er allmächtig. Der Mensch muss lernen, wo seine Macht liegt und dass das Gute und das Böse nur in dem Maße in ihn eindringen können, wie er dem zustimmt.

Eines Tages, ihr erinnert euch, habe ich euch gesagt: »Ich stelle mich vor... ihr habt vor euch...« Und alle Brüder und Schwestern erwarteten, dass ich etwas Großartiges verkünden würde: ein Engel, ein Erzengel, eine Gottheit... Und was habe ich gesagt?: »Ihr habt vor euch den Verräter Nummer eins.« Sie waren erstaunt! Ja, absolut, ich bin ein Verräter. Damit ihr aber nun nicht erschrocken seid, werde ich euch das erklären. Die Erde ist wie eine dunkle, von enormen Wällen umgebene Festung; die Kräfte des Guten stehen außen herum, die Armee der Engel aber kann nicht eindringen. Man braucht also einen Verräter innerhalb dieser Festung, der eine Tür oder ein Fenster öffnet, damit sich die ganze Armee ins Innere einschleichen kann. Nun, dieser Verräter, das bin ich! Die himmlische Armee wird eindringen, alles umwälzen und eine andere Ordnung auf der Erde wieder herstellen: die göttliche Ordnung. Ich rate euch, ebenso zu Verrätern zu werden, denn das Gute kann nur eintreten, wenn die Menschen diese Festung – das heißt die Menschheit –, die sogar dem Himmel die Stirn bietet, verraten. Studiert die Geschichte und ihr werdet sehen, dass man oft so vorgegangen ist, um sich einer Festung zu bemächtigen: Man hat sie nicht von außen erobert, denn das war unmöglich, sondern von innen. Macht also eine Öffnung und ihr werdet sehen, der ganze Himmel wird eintreten und das Reich Gottes auf der Erde errichtet werden.

Videlinata (Schweiz), den 24. Februar 1969

Kapitel 5

Nehmen wir eine Frucht. Ohne uns bei ihrem Geschmack, ihrem Duft, ihrer Farbe, ihrer ätherischen Materie aufzuhalten, betrachten wir diese Frucht als angefüllt mit Sonnenstrahlen. Sie ist ein vom Schöpfer geschriebener Brief, den wir entziffern müssen. Alles hängt davon ab, wie wir diesen Brief lesen. Wenn wir nicht wissen, wie wir ihn lesen sollen, werden wir auch keinen Nutzen davon haben!

Beobachtet einmal, wie ein Mädchen oder ein Junge den Brief von ihrem Liebsten lesen. Wieder und wieder lesen sie ihn und bewahren ihn sorgfältig auf! Aber den Brief des Schöpfers, den wirft man in den Papierkorb, er verdient es nicht, gelesen zu werden! Der Mensch ist der Letzte, der sich damit aufhalten wird, diesen Brief zu entziffern; die Tiere sind aufmerksamer als er. Ja, seht nur die Ochsen und die Kühe, wenn sie den Brief nicht ausreichend entziffert haben, lesen sie ihn aufs Neue. Ihr werft ein: »Aber was erzählen Sie uns da? Sie lesen den Brief noch einmal? Was Sie da sagen, ist ganz und gar nicht wissenschaftlich!« Doch, sie lesen den Brief noch einmal, den sie vorher nicht genau gelesen haben... Nennt das wissenschaftlich »wiederkäuen«, wenn ihr wollt, aber ich sage euch, dass sie den Brief noch einmal lesen...

Die Nahrung ist ein Liebesbrief des Schöpfers und man muss ihn entziffern. Und für mich ist es der mächtigste Liebesbrief, der beredsamste, da er uns sagt: »Man liebt euch... Man bringt euch Leben und Kraft...« Die meiste Zeit schlucken die Menschen alles, ohne etwas von diesem Brief zu entziffern, in dem der Herr auch schreibt: »Mein Kind, ich will, dass du vollkommen wirst, dass du wohlschmeckend wie diese Frucht wirst. Im Augenblick bist du bitter, sauer und hart, du bist noch nicht reif, gekostet zu werden, daher musst du noch lernen. Sieh diese Frucht: Sie ist reif geworden, weil sie der Sonne ausgesetzt war. Auch du musst dich mehr der geistigen Sonne aussetzen, sie wird sich darum kümmern, alles Saure und Unverdauliche in dir umzuwandeln, und sie wird auch schöne Farben hinzufügen.« Das ist es, was uns der Herr durch die Nahrung sagt. Ihr habt es noch nicht gehört, aber ich, ich höre es.

Es ist sehr wichtig, dass man lernt, in Stille zu essen und sich dabei auf die Nahrung zu konzentrieren, weil die Nahrung während der Mahlzeiten zu uns spricht. Die Nahrungsmittel sind kondensiertes Sonnenlicht, kondensierte Klänge. Wenn ihr in Gedanken immer woanders seid, könnt ihr dieses von der Sonne kondensierte Licht nicht entziffern. Das Licht ist nicht vom Klang getrennt; das Licht ist Musik, meine lieben Brüder und Schwestern. Es muss uns gelingen, die Musik des Lichts zu hören. Es spricht, es singt, es ist das göttliche Wort. Im Lärm der heutigen Zeit kann man nichts hören. Das ist sehr bedauerlich! Die Stille hingegen bereitet die Bedingungen vor, damit wir die Stimme der Nahrung hören können.

Bonfin, den 30. Juli 1965

Kapitel 6

Nehmt einmal an, ihr hättet keine Zeit zum Beten, weil ihr zu viel zu tun habt. Ihr versteckt euch hinter diesem Vorwand, um nicht das geringste spirituelle Leben zuzulassen. In Wirklichkeit habt ihr mindestens dreimal am Tag die besten Bedingungen, um euch mit dem Himmel, mit dem Herrn zu verbinden, denn dreimal am Tag müsst ihr essen.

Natürlich muss man essen, sich kleiden, wohnen und sollte niemandem zur Last fallen, aber man muss auch einige Minuten finden, um Seele und Geist zu ernähren. Wir sind auf die Erde gekommen, um hier große Arbeiten zu vollbringen. Viele haben ihre Verpflichtung vergessen, denken nur an ihren gesellschaftlichen Erfolg und halten sich für Vorbilder. Doch sind sie wirklich Vorbilder? Kein Licht geht von ihnen aus, sie haben ihrer Seele und ihrem Geist nicht eine einzige Minute gegeben, um sie wie Sonnen zum glänzen und strahlen zu bringen... nicht einmal eine Minute, um für die Verwirklichung des Reiches Gottes und seiner Gerechtigkeit zu arbeiten... Man muss in Zukunft dafür arbeiten, ein höheres Ziel zu erreichen und man darf nicht vergessen, warum man auf die Erde gekommen ist. Ihr habt so viele Möglichkeiten. Der Himmel lässt euch niemals voranschreiten, ohne euch die Hand zu reichen, ohne euch all die Arbeit zu zeigen, die es auf der Erde zu vollbringen gibt. Und anstatt diese Arbeit zu tun, steht ihr da und schlagt Wurzeln. Aber ihr bleibt nur sehr kurze Zeit auf der Erde und nehmt eure Autos und eure Häuser nicht ins Jenseits mit. All das wird hier bleiben und ihr werdet ganz nackt fortgehen, nur mit dem, was ihr innerlich an Tugenden, Eigenschaften, Überzeugungen und Kenntnissen erworben habt. Das ist das Einzige, was euch nicht verlassen wird. Ihr habt das noch nicht wirklich begriffen, darum arbeitet ihr euer ganzes Leben ohne Pause, aber warum? Um alles hinter euch zu lassen und am Ende nackt, arm und elend zu gehen.

Also, meine lieben Brüder und Schwestern, alles was ihr an spiritueller Arbeit zu leisten vermögt, tut es, wenigstens während der Mahlzeiten. Selbst wenn es nicht sichtbar wird, selbst wenn niemand diese Dinge zu schätzen weiß, macht euch daran, sammelt diese Reichtümer an, und ihr werdet sehen, dass ihr später mit diesen Qualitäten und Tugenden wiederkommen werdet. In den folgenden Inkarnationen werdet ihr nicht mehr in denselben beklagenswerten Bedingungen leben, der Himmel wird euch vielmehr die besten Bedingungen verschaffen, um euch zu erweitern, zu erheben und Gottheiten zu werden. Einfach nur, weil ihr heute mit der Arbeit begonnen habt.

Wenn ihr seht, dass es euch noch nicht gelingt, eine Fähigkeit zu erlangen, einen Fehler zu besiegen, über eine schlechte Gewohnheit zu triumphieren, sagt euch ganz offen: »Das kommt daher, weil ich in der Vergangenheit meine Arbeit nicht gut genug ausgeführt habe. Jetzt ist alles schwierig.« Das solltet ihr euch sagen und euch von heute an an die Arbeit machen. Ja, selbst wenn euch nur noch ein Jahr zu leben bleibt, ein einziges Jahr, müsst ihr anfangen. Ihr werdet all die Veränderungen sehen, die folgen werden. Denn man nimmt seine spirituellen Errungenschaften mit sich, wenn man beharrlich an seiner Vervollkommnung gearbeitet hat.

Bonfin, den 4. August 1971

Kapitel 7

Wenn ihr mürrisch gegessen habt, die anderen kritisiert oder euch geärgert habt, seid ihr nachher hart, nervös und voreingenommen. Dann versucht ihr euch zu rechtfertigen, indem ihr sagt: »Was willst du, mein Alter, ich kann nichts dafür, ich bin nervös!« Um euch zu beruhigen nehmt ihr Medikamente, aber ihr werdet euch weiterhin nervös fühlen, solange niemand euch beigebracht hat, wie ihr essen sollt und ihr nicht wisst, dass ihr gerade während der Mahlzeiten den Zustand eures Nervensystems verbessern könnt.

Es gibt Tage, an denen ihr genervt seid, dann nehmt die Mahlzeiten als eine großartige Gelegenheit, bei denen ihr lernt, euch zu beruhigen. Achtet auf eure Gesten, kaut die Nahrung langsam und einige Minuten später spürt ihr, dass eure Nervosität verschwunden ist. Wenn die Leute genervt sind, dann wissen sie nicht, wie sie innehalten sollen, um zur Ruhe zu kommen; wenn sie in Aufregung zu sprechen oder zu arbeiten beginnen, dann geht das den ganzen Tag lang weiter und all ihre Kräfte und Energien verfliegen, weil sie vergessen haben, »die Wasserhähne zuzudrehen«. Dabei gibt es ein sehr einfaches Heilmittel: Man muss eine Minute innehalten, nicht weiter herumlaufen, nicht weiter sprechen, keine Bewegung mehr machen und einen anderen Rhythmus annehmen, eine andere Richtung einschlagen.

Während der Mahlzeiten sollte man damit beginnen, Kontrolle und Selbstbeherrschung zu lernen. Übt euch also darin, ohne jegliches Geräusch zu essen. Ich weiß, was ich von euch verlange, ist fast unglaublich und kaum zu realisieren, aber es wird euch gelingen und alle, die kommen, werden verblüfft sein. Sie werden sagen: »Aber das ist nicht möglich, ich traue meinen Augen nicht!« Und ich werde erwidern: »Nun, dann traut wenigstens euren Ohren!«

Wenn man ein Mittel gegen Nervosität sucht, beginne man mit der Kontrolle seiner Gesten während der Mahlzeiten. Ihr denkt: »Aber ist das alles, was Sie uns zu sagen haben? Wir sind gekommen, um grundlegende Wahrheiten über das Universum und die himmlischen Hierarchien zu hören und Sie sprechen über unbedeutende Dinge: keine Geräusche bei Tisch zu machen, seine Gesten zu beherrschen...« Nun, wenn ihr so denkt, habt ihr noch nichts verstanden. Ihr sollt mich nicht bitten, euch große Dinge zu offenbaren; die großen Dinge verwirklichen sich eines Tages ganz plötzlich, dank der Verwirklichung der kleinen. Und da man die kleinen Dinge immer vernachlässigt hat, verwirklichen sich die großen nicht. Erst wenn man beginnt, sich um die kleinen Dinge zu kümmern, kommen die großen sehr schnell.

Bonfin, August 1961

Kapitel 8

Bemüht euch, nach den Regeln zu essen, die ich euch gebe. Natürlich werdet ihr feststellen, dass es schwierig ist, während der Mahlzeiten zu schweigen, um euch einzig auf die Nahrung zu konzentrieren... Und wenn es euch gelingt, äußerlich still zu sein,macht ihr innerlich Lärm... Oder noch weiter, wenn es euch gelingt, euch innerlich zu beruhigen, schweifen eure Gedanken woanders hin. Darum sage ich euch, dass die Ernährung ein Yoga ist, denn essen können verlangt Aufmerksamkeit und Selbstbeherrschung, aber auch Intelligenz, Liebe und Willenskraft.

I

Es ist schwierig, während der Mahlzeiten alle Beschäftigungen beiseite zu lassen, um sich nur auf erhabene Themen zu konzentrieren. Wenn man nicht bereits die Gewohnheit angenommen hat, sich zu kontrollieren, sich zu beherrschen, wie will man da von all dem inneren Trubel und Lärm, den man ausgelöst hat, loskommen und sich konzentrieren? Man muss sich schon lange im Voraus vorbereiten, das heißt, im täglichen Leben aufmerksam sein, um sich nicht von negativen Gedanken und Gefühlen überfluten zu lassen. In dem Moment ist der Boden vorbereitet und es ist einfach. Ihr werdet erwidern: »Aber dann muss man sich sein ganzes Leben lang nur darauf vorbereiten, angemessen zu essen? Ja und nein... Es können nicht alle Probleme gelöst werden, nur weil man richtig zu essen weiß. Essen können ist eine Übung, aber das ist nicht alles. Man sollte sich daran gewöhnen, den ganzen Tag lang aufmerksam zu sein, seine Worte, seine Gesten, sein Verhalten zu kontrollieren, damit man sich später nichts vorzuwerfen, nichts wieder gutzumachen hat. Dann wird es natürlich auch während der Mahlzeiten besser gehen, und nicht nur während der Mahlzeiten, sondern auch bei allem anderen, was man im Leben macht!

Wir nehmen die Mahlzeiten als Ausgangspunkt, aber das will nicht heißen, dass es nichts Wichtigeres gibt, und dass man sich den Rest des Tages gehen lassen kann. Man darf mich nicht falsch verstehen und sich sagen, dass hier allein die Mahlzeiten von Bedeutung sind. Nein, man muss den ganzen Tag hindurch aufmerksam und wachsam sein, denn wenn man sich den Rest des Tages gehen lässt, werden auch bei den Mahlzeiten Unordnung und Aufregung weitergehen.

Während der Mahlzeiten sollte das Denken auf erhebende Themen konzentriert sein, weil die Mahlzeit eine magische Zeremonie ist, dank derer die Nahrung sich in Gesundheit, in Frieden, Kraft, Liebe und Licht umwandeln soll. Beobachtet euch: Wenn ihr in einem Zustand der Wut, der Auflehnung oder des Hasses gegessen habt, könnt ihr euch den ganzen Tag nicht mehr beruhigen, weil ihr die Nahrung schlecht beeinflusst habt. Eure Gedanken und Gefühle haben sich auf ihr widergespiegelt, ihr habt in Unordnung gegessen, ihr wart kein guter Alchimist und müsst nun die Folgen ertragen.

Man ist verantwortlich für die Art und Weise, in der man isst, weil alles im Leben heilig und intelligent ist und alles einen Sinn hat. Die Nahrung wurde durch all die Wesenheiten und Intelligenzen der Natur zubereitet, mit dem Ziel, uns das Leben zu erhalten. Wenn man ihr nun schädliche Schwingungen aufprägt, verhält man sich nachlässig und respektlos. Allein die Tatsache, dass man schlecht gegessen hat, wird irgendwo als ein Beweis dafür registriert, dass man sich nicht intelligent gezeigt hat und die Resultate sind dann keineswegs erfreulich. Man darf sich später nicht beklagen, wenn die Gesundheit verloren geht. Ihr seht, man muss mit dem Anfang beginnen, um die Menschen zu unterrichten. Sicher, die meisten sind nicht damit einverstanden, denn sie sind ganz und gar nicht davon überzeugt, dass es Wesenheiten sind, die allem Geschehen in der Natur vorstehen, dass alles heilig ist, dass in allem ein Sinn liegt. Und so bringen sie ihr ganzes Leben lang alles durcheinander und zerstören diese intelligente Ordnung.

Bonfin, den 13. August 1971

II

Seht nur, mit welcher Aufmerksamkeit eine Mutter, die ihr Kind sehr liebt, es hochhebt oder hinlegt, wenn es eingeschlafen ist. Jeder begreift das. Warum begreift man dann nicht, dass unsere Gesten auch unsere Kinder sind, und dass man auch sie richtig platzieren sollte? Warum lasst ihr eure Kinder fallen? Und ihr habt auch gesehen, wie eine Frau ihren Geliebten berührt... Mit welcher Aufmerksamkeit und Zartheit entfernt sie ein Stäubchen, das zufällig auf sein Gesicht gefallen ist! Wenn man jemanden oder etwas liebt, wird man sanft und feinfühlig. Warum solltet ihr daher nicht in gleicher Weise mit der Nahrung umgehen, so als hättet ihr euren Geliebten vor euch und wolltet alles tun, um ihn nicht zu beunruhigen oder zu verletzen...

Ihr habt es gern, nicht wahr, dass man euch gegenüber sehr aufmerksam ist, ihr findet das normal. Nun, warum seid auch ihr dann nicht jedem Lebewesen, jedem Ding gegenüber aufmerksam? Seid selbst einer Blume gegenüber voller Aufmerksamkeit, wenn ihr sie pflanzt oder gießt. Ihr meint, sie spüre nichts, sie verstehe nichts. Aber ihr sollt das nicht so sehr für sie tun, sondern für euch selbst, denn ihr selbst gewinnt dabei eine Tugend, eine Qualität. Ihr macht eine Geste der Aufmerksamkeit, der Achtung, und diese Geste spiegelt sich in euch wider.

Leider kann man ewig über die Aufmerksamkeit sprechen, ohne dass die Menschen jemals begreifen, wie wichtig es ist, aufmerksam zu sein. Sie stürzen sich auf alle Fähigkeiten, um diese zu entwickeln, aber auf die Aufmerksamkeit niemals! Doch werden die meisten Erfolge dank der Aufmerksamkeit erzielt, weil die Menschen darauf achten, was sie tun.

Dies ist eine Geschichte, die ich gehört habe, als ich in Indien war. Ein Mann war für ein Verbrechen, das er begangen hatte, zum Tode verurteilt worden. Da er inständig darum flehte, dass man ihn am Leben ließe, sagte man zu ihm: »Gut, man wird diese Schale mit einer Flüssigkeit füllen und wenn es dir gelingt, eine Runde durch die ganze Stadt zu machen, ohne einen Tropfen dieser Flüssigkeit zu verschütten, wird man dich am Leben lassen, wenn nicht, wird dir der Kopf abgeschlagen.« Der Mann ging mit der vollen Schale los und machte die Runde durch die Stadt... Als er zurückkam, war nicht ein einziger Tropfen verschüttet. Man fragte ihn: »Nun, was hast du in der Stadt gesehen und was gehört?« – »Nichts!« Er hatte nichts gehört und nichts gesehen, seine ganze Aufmerksamkeit war auf die Schale konzentriert. Genau das ist Aufmerksamkeit. Man ist aufmerksam, wenn es um Leben oder Tod geht, aber sonst nicht. Und wenn es sich um das Essen handelt, wozu sollte man da aufmerksam sein?

Das Geheimnis des Erfolges liegt in der Fähigkeit zu sehen. Wenn ihr einen Raum oder ein Geschäft verlasst, solltet ihr fähig sein, zu sagen wie viele Personen und Gegenstände es dort gab, wie sie waren und wo sie sich befanden... Ja, man sollte sich darin üben. Die Leute sehen nichts. Manche haben sogar einen Liebsten, den sie jeden Tag umarmen und wenn ihr sie nach der Farbe seiner Augen fragt, kennen sie sie nicht, sie haben sie niemals bemerkt. Aber ja, es gibt so verrückte Menschen. Und auch da auf dem Tisch stehen nicht so viele Dinge, man kann sie alle sehen, aber trotzdem stößt man sie an, weil man nichts gesehen hat... Und schauen die Leute, wenn sie eine Straße überqueren müssen? Nein, nicht einmal dann. Und doch, das Erste, was man können muss, ist schauen. Seien es nun Personen, Gegenstände, eine Situation – man muss sehen. Die Leute sehen nicht hin und alles geht schief... Wenn ihr sie fragt warum das so ist, werden sie den Eltern, den Nachbarn, dem Herrn oder der Regierung die Schuld geben. Niemals werden sie finden, dass sie selbst schuld sind!

Ihr müsst euch jahrelang um all diese kleinen Dinge bemühen, selbst wenn ihr nicht begreift, wohin ich euch führe. Nach Jahren werdet ihr die Segnungen spüren. Sucht nicht woanders und weit entfernt nach dem, was ganz nahe ist. Niemals werdet ihr die Lösung eurer Probleme außerhalb der Aktivitäten des täglichen Lebens finden und wenn ihr sie vernachlässigt, wird die unsichtbare Welt euch wieder zum Lernen auf die Erde zurückschicken bis ihr diese Wahrheit verstanden habt.

August 1961

III

Die Menschen sehen nicht, dass die geringsten Handlungen, die geringsten Gesten des täglichen Lebens von großer Bedeutung sind. Geschweige denn, dass jemand daran glauben wird, dass man Intelligenz, Herz und Willen entwickeln kann, indem man so isst wie wir es hier tun. Alle meinen, dass sich Intelligenz durch das Studieren entwickelt – oder im Notfall durch Schwierigkeiten und Prüfungen; denn wenn ihr in Bedrängnis seid, erwacht schließlich eine Fähigkeit in euch, die euch dazu drängt, nachzudenken und Mittel zu finden, wie ihr da herauskommt. Sie meinen auch, dass sich das Herz entwickelt, wenn man eine Frau und Kinder hat, die man schützen und unterstützen muss. Hier, während der Mahlzeiten, das Herz? Denkt ihr...! Und der Wille, wenn man sich physisch anstrengt beim Sport usw. Oh nein, die Leute, die so denken, haben noch nichts verstanden.

Gerade während der Mahlzeiten sollte man damit beginnen, sich um das Wesentliche zu kümmern, darum, sein Herz, seine Intelligenz und seinen Willen zu entwickeln. Aber ja, weil niemals sicher ist, dass alle in Bibliotheken oder auf Universitäten gehen oder Frau und Kinder haben können (es gibt viele Unverheiratete auf der Erde!) oder dass sie insbesondere die Gelegenheit hätten, ihren Willen durch alle möglichen Übungen zu stärken. Aber essen, ja, das müssen alle. Die Natur hat gut überlegt; sie hat die Menschen betrachtet und sich gesagt: »Wie kann man diese Strolche zügeln?« Ich werde in ihnen, dort in ihrem Magen, ein Bedürfnis erschaffen und es so einrichten, dass sie immer Hunger haben, das wird sie dazu zwingen, intelligent und gut zu werden.« Und die Natur hat den Appetit erschaffen.

Wollt ihr also eure Intelligenz entwickeln? Nun, ihr werdet jedes Mal Gelegenheit dazu haben, wenn ihr euch der Gegenstände bedienen wollt, die auf dem Tisch stehen: Bemüht euch, sie wegzunehmen oder sie hinzustellen, ohne dass ihr sie anstoßt oder daneben etwas umstoßt. Das ist eine Gelegenheit, Aufmerksamkeit,

Geschicklichkeit, Konzentration und Voraussicht unter Beweis zu stellen. Es ist großartig, wie die Intelligenz sich allein während der Mahlzeiten entwickeln kann! Wenn ich sehe, wie die Leute mit ihren Bestecken anstoßen oder sie fallen lassen, kenne ich bereits die Mängel ihrer Intelligenz. Sie mögen wohl Diplome von mehreren Universitäten besitzen, ich jedoch finde, dass sie noch große intellektuelle Lücken haben. Aber ja, wozu dienen die Diplome, wenn man noch nicht einmal richtig schauen, abschätzen und die Entfernungen berechnen kann? Nehmen wir einmal an, man will ein Glas woanders hinstellen, hat aber seine Entfernung von einem anderen Gegenstand nicht richtig eingeschätzt und klick!, schon stößt man dagegen! Das ist ein winziges Detail, aber es offenbart einen Fehler, der sich im Leben viel stärker äußern wird. Diese kleinen Ungeschicktheiten während der Mahlzeiten kündigen an, dass manche im täglichen Leben viel Schaden anrichten werden. Sie sind das Indiz dafür, dass es ihnen an einer gewissen inneren Aufmerksamkeit fehlt und man kann bereits in kleinem Maßstab sehen, was sie bei wichtigen Ereignissen im Leben anrichten werden. Man sieht, wie sie sprechen werden, wie sie unaufmerksam handeln werden, indem sie andere anrempeln, sie verletzen und Jahre zur Wiedergutmachung ihrer Ausrutscher brauchen werden und zu leiden haben. Das ist bereits vorherzusehen. Allein indem ihr jemandem beim Essen zuseht, bei seiner Art, die Gegenstände zu berühren, sie grob anzupacken oder sie nicht genügend fest zu halten, könnt ihr Schlussfolgerungen für seine Zukunft ziehen.

Wenn ich zum Beispiel diese Flasche nehme, die aus dem Kühlschrank kommt, muss ich zunächst einmal daran denken, dass sie feucht ist, und dass ich sie trocknen muss, weil sie mir sonst aus den Händen gleiten und Glas oder Teller zerbrechen könnte. Genauso verhält es sich mit allem am Tisch und im Leben... Wenn ein Gegenstand eurem Blickfeld, eurem Bewusstsein entschwindet, seid ihr nicht mehr der Herr und er gehorcht euch nicht mehr. Um diesen Gegenstand zu beherrschen, müsst ihr ihn zunächst durch das Denken beherrschen. Wenn er euch entgleitet, werdet ihr ihn niemals beherrschen.

Und auch bevor ihr euch an den Tisch setzt, achtet darauf, dass nichts fehlt, damit ihr euch nicht mehrmals erheben müsst, um noch ein Messer, einen Teller oder Salz zu holen... Wie oft habe ich das beobachtet, wenn ich eingeladen war! Zwanzigmal stand die Hausfrau auf, weil sie dieses oder jenes vergessen hatte... Und sie ist kein Einzelfall. Dabei weiß man sehr gut, was man braucht, weil es sich ja jeden Tag wiederholt. Aber nein, es fällt einem nicht einmal auf, und das ganze Leben lang geht das so weiter, das ganze Leben lang vergisst man und man muss die Mahlzeiten unterbrechen, um zu holen was man vergessen hat. Es gibt immer etwas, das fehlt und das ist ein Zeichen, dass man auch in anderen Bereichen des Lebens unaufmerksam und nachlässig ist. Wie kann man dann glauben, dass man Erfolg haben wird?

Ihr müsst sehr viel Achtsamkeit in eure Gesten legen. Indem ihr vermeidet, Geräusche zu machen und die anderen Brüder und Schwestern zu stören, die sich konzentrieren und meditieren, zeigt ihr außerdem, dass ihr sie liebt. Dann nehmt ihr die Nahrung und esst sie, indem ihr auch an sie mit viel Liebe denkt. In diesem Moment öffnet sich die Nahrung... Ihr braucht nur die Blumen, die Vegetation, die ganze Natur zu betrachten: Wenn die Sonne die Blumen erwärmt, öffnen sie sich, wenn sie wieder verschwindet, schließen sie sich. Und die Nahrung? Wenn ihr sie nicht liebt, wird sie euch fast nichts geben, sie wird sich schließen; aber liebt sie, esst sie mit Liebe, gebt ihr Wärme – und sie öffnet sich, sie verströmt ihren Duft, sie gibt euch all ihre ätherischen Teilchen. Die Menschen essen automatisch, ohne Liebe, nur um eine Leere zu füllen. Aber esst mit Liebe, sei es auch nur eine Woche lang, und ihr werdet sehen, in welch wunderbarem Zustand ihr euch fühlt. Ich weiß genau, dass es unnütz ist, zu den meisten Menschen von Liebe zu sprechen, sie wissen nicht einmal was Liebe ist: mit Liebe grüßen, mit Liebe gehen, mit Liebe sprechen, mit Liebe blicken, mit Liebe atmen und sogar mit Liebe schlafen... Sie können das nicht! Die Liebe kennen sie nur, wenn sie mit jemandem im Bett liegen; aber das ist keine Liebe, das sind Schweinereien! Wenn sie sich wirklich so lieben würden wie es sein sollte, wäre der ganze Himmel mit ihnen.

Während ihr esst könnt ihr also eure Intelligenz und euer Herz entwickeln...Aber auch euren Willen, denn ihr seid gezwungen eure Gesten zu kontrollieren und die Gegenstände ohne zu großen oder zu wenig Druck zu halten, sonst entgleiten sie euch oder ihr zerdrückt sie in euren Händen. Seine Gesten abmessen, kontrollieren und beherrschen ist eine Übung des Willens, denn der Wille drückt sich durch Gesten aus. Und wenn ihr an eure Gesten denkt, besonders wenn ihr darauf achtet, dass sie maßvoll und harmonisch sind, wird euer Wille sich entwickeln. Macht nur eine Bewegung mit der Hand, und schon wirkt ihr mit dem Willen. Denn, um auch nur einen Finger zu bewegen, muss bereits eine bestimmte Menge an Kräften ins Spiel kommen. Man ist unbewusst, man ist sich darüber nicht im Klaren und sagt: »Das ist belanglos, ich habe doch nur das Bein, den Arm oder die Augen bewegt.« Aber man weiß nichts von all den Kräften, die allein dafür ausgelöst worden sind, um diese kleinen Bewegungen auszuführen. Man beginnt es erst zu ahnen, wenn man irgendwo einen kleinen Schmerz verspürt, Muskelkater hat oder einen Pickel. Dann nimmt man wahr, dass der ganze Organismus mit dieser kleinen Stelle verbunden ist und mit ihr leidet. Ja, die kleinste Zelle ist mit dem ganzen Körper verbunden.

Bonfin, den 20. Juli 1971

Kapitel 9

Man glaubt im Allgemeinen, es sei notwendig viel zu essen, um gesund zu sein und viel Kraft zu haben. Nein, im Gegenteil, wenn man zu viel isst, erschöpft man den Organismus, man hemmt oder blockiert sämtliche Verdauungsvorgänge, was zu Überlastungen führt und zu unnützen Ablagerungen, die unmöglich wieder ausgeschieden werden können. Dadurch können alle möglichen Krankheiten auftreten, nur auf Grund dieser irrigen Meinung, man müsse viel essen, um gesund zu sein.

I

Das Wesentliche ist die Art und Weise wie man isst. Esst was ihr wollt, aber esst es auf die richtige Weise. Wenn ihr zu essen versteht, werdet ihr feststellen können, dass, selbst wenn ihr nur sehr wenig Nahrung zu euch nehmt, euer Organismus sich von sich aus darum kümmert, die Materialien zu finden, die ihm fehlen und unvermutete Energien aufzufangen und herauszuziehen. Ihr habt dreimal weniger gegessen als gewohnt, habt aber dennoch Kräfte für den ganzen Tag.

Ich habe oft festgestellt, dass man nicht nur seinen Organismus belastet, wenn man ein wenig mehr isst als man sollte, sondern dass auch das ganze Blut vom Gehirn zum Magen strömt, um das Übermaß an Verdauungsarbeit bewältigen zu können, und darum fühlt man sich schläfrig. Aber das Erstaunlichste ist, dass man nach kurzer Zeit erneut Hunger verspürt, wenn man zu viel gegessen hat. Wenn ihr zu viel esst, werden bestimmte niedere Wesenheiten der Astralebene durch dieses Festessen angezogen, tun sich dann gütlich und nehmen einen Teil der Kräfte weg, die euch gehören. Darum habt ihr kurze Zeit später wieder Hunger. Wenn ihr dagegen ein paar Bissen früher, bevor ihr richtig satt seid, aufhört zu essen, braucht der Organismus noch einige Brocken. Aber da ihr sie ihm nicht gegeben habt, kümmert er sich selbst darum, um sie durch Vermittlung des Ätherkörpers zu finden, der aus der umgebenden Atmosphäre die Elemente auffängt, die ihm fehlen, und einige Minuten später fühlt ihr euch gesättigt!

Versucht es und ihr werdet es bestätigt finden; esst nicht bis zur Sättigung, denn das verkürzt das Leben. Ich rate euch natürlich nicht, ständig hungrig zu leben, es geht mir einfach um das Maßhalten am Tisch. Wie oft habe ich schon die Erfahrung gemacht, ein klein bisschen weniger zu essen als ich Hunger hatte! Ihr entgegnet mir: »Aber man ist versucht und hat Lust weiterzuessen!« Oh, ich weiß gut, dass man versucht ist! Aber was macht ihr mit der Vernunft und mit dem Willen? Das ist die Gelegenheit, sie zu üben! Selbst bei den größten Festen, Feiern und Einladungen sollte man ablehnen können. Ich lehne oft ab; überall, wo man mich einlädt, präsentiert man mir alle möglichen Gerichte, wo ich doch schon im Voraus darauf hingewiesen habe: »Macht nichts besonderes, gebt mir ein wenig Salat, etwas Gemüse und ein paar Früchte.« Natürlich glaubt man mir nicht, bereitet trotzdem phantastische Speisen zu, und wenn man sieht, dass ich nur sehr wenig nehme, ist man enttäuscht. Viele unter euch, die mich eingeladen haben, wissen, dass es wahr ist, was ich sage: Nichts wird mich dazu bringen weiter zu essen, wenn ich keinen Hunger mehr habe, selbst wenn man mir die seltensten Speisen und die köstlichsten Kuchen serviert. Ich habe schon seit langem begriffen, wie schlecht es ist, sich gehen zu lassen und mehr zu essen als man Hunger hat, denn man bezahlt das mit dem Verlust eines feinstofflichen Elementes, viel wertvoller als der Geschmack der besten Speisen.

Setzt also das, was ich euch sage, in die Praxis um. Man gibt euch ein Wissen, aber wenn ihr es in einem Schrank ruhen lasst, wenn ihr euren Willen nicht aktiviert, um es anzuwenden, wozu dient euch dann dieses Wissen? Ihr werdet immer Opfer eurer Schwäche sein, was euch immer Unannehmlichkeiten und Krankheiten bringen wird. Vieles hängt von eurer Art zu essen ab. Die Qualität der Nahrung und die Art der Nahrungsmittel, die ihr auswählt, sind zweitrangig. Ich weiß, dass manche, die sich mit der sogenannten gesunden Ernährung befassen, bestimmte Nahrungsmittel empfehlen und von anderen abraten. In einigen Punkten mögen sie natürlich Recht haben, aber es ist besonders die Art und

Weise wie man isst, auf die man achten sollte. Esst irgendetwas, aber esst es so, wie es sein sollte und ihr werdet gesund sein. Ich habe eine Menge Leute gesehen, die der makrobiotischen Lebensweise oder was auch immer gefolgt sind, aber sehr oft hat diese Lebensweise sie nicht geheilt. Ich habe nichts gegen die Makrobiotik, ich erkenne an, dass sie etwas Wahres enthält. Aber womit ich nicht einverstanden bin ist, dass man der Nahrung den ersten Platz einräumt, ohne die Art, wie man lebt, mit einzubeziehen, das heißt die Gedanken und Gefühle und alle psychischen Zustände, in denen sich die Menschen befinden. »Das zählt nicht«, sagen sie, »für die Gesundheit ist das Wesentliche, was man isst!« Oh nein, die Nahrung ist nur ein Mittel. Was am meisten zählt, das ist das psychische, das spirituelle Leben; die Nahrung kommt danach.

Bonfin, den 18. August 1971

II

Die Art der Nahrung und ihre Menge sind für alle Geschöpfe festgelegt. Ihr könnt nicht von einem Elefanten verlangen, dass er sich wie eine Biene ernährt. Ich habe in den Zoos beobachtet, welche Nahrung man den Tieren gibt, den Löwen, Elefanten, den Schlangen... Ich habe die Ausdrucksformen des Hungers bei ihnen beobachtet: Ihre schnellen oder langsamen Bewegungen, den Ausdruck der Ruhe oder Unruhe, und ich habe bestimmte Schlussfolgerungen daraus gezogen. Aber lassen wir das im Moment. Wichtig ist zunächst einmal, zu wissen, dass die Menschen, genau wie die Tiere, nur eine gewisse Menge einer bestimmten Nahrung brauchen. Wenn sie mehr essen als sie brauchen, ruft das eine Überlastung hervor, die zunächst im Verdauungssystem zu Komplikationen und Störungen führt und danach in allen anderen Systemen, mit denen es verbunden ist (Kreislauf, Ausscheidung, Atmung, Nerven). Man sollte sich daher kontrollieren und beobachten, um die Nahrungsmenge zu kennen, die man täglich zu sich nehmen muss. Die meisten Menschen kontrollieren sich nicht, sie essen übermäßig und erwecken dadurch andere Begierden in sich, die sie befriedigen müssen. Auf diese Weise leben sie ein aus dem Gleichgewicht geratenes Leben, ein eher tierisches als intelligentes Leben.

Indem man mehr isst als nötig, nimmt man das, was anderen bestimmt war, und wenn viele so handeln, dass einige zu viel und andere nicht genug haben, entsteht daraus ein Ungleichgewicht in der Welt. Die Ursache aller Missverständnisse, Revolutionen und Kriege sind Begierde, Geiz und ein Mangel an Maß, weil das Bewusstsein nicht wach ist, um zu begreifen und an die späteren Folgen zu denken: an die Beeinträchtigungen, die diese Neigungen hervorrufen können.

Gerade dieses Bedürfnis, sich mehr zu nehmen und anzueignen als man sollte, treibt die Menschen dazu, die anderen zu beherrschen und sie sogar beim geringsten Widerstand oder der geringsten Opposition zu unterdrücken. Selbst wenn es sich nur um ein winziges Bedürfnis handelt, ist dies doch der Ausgangspunkt von Katastrophen großen Ausmaßes. Darum muss man es von Anfang an beherrschen, mäßigen und in geregelte Bahnen lenken. Wenn dieser Instinkt nicht kontrolliert wird, kann er in allen Bereichen des Lebens derart gigantische Ausmaße annehmen, dass er zur Quelle allen Unglücks wird.

Der Schüler muss daher lernen, das rechte Maß hinsichtlich der Nahrung nicht zu überschreiten. Er muss aufhören können, bevor er vollständig gesättigt ist. Wenn man nicht aufhören kann, nährt man in sich Begierden, die unnatürlich sind. Man wird dann wie die reichen Leute, die das krankhafte Bedürfnis haben, alles an sich zu reißen. Sie sind schon reich, aber ihr Ehrgeiz und ihre Begierden sind so gigantisch, dass sie die ganze Welt vereinnahmen wollen.

Jesus hat gesagt, es sei für ein Kamel leichter, durch ein Nadelöhr zu gehen, als für einen Reichen, in das Reich Gottes einzutreten (Mt 19,24). Das ist deshalb so, weil bei einem Reichen der Wunschkörper, der Astralkörper, so aufgeblasen ist auf Grund all seiner Begierden, dass er wie ein riesiger Tumor wird, der ihn daran hindert, durch das Tor hindurch in das Reich Gottes zu kommen. Der Astralkörper des Kamels hingegen ist sehr klein, weil es genügsam ist und sich mit wenig zufrieden gibt. Darum kann es auch die Wüsten durchqueren; wo alle aufgeben, geht das Kamel weiter. Diejenigen, die an diese Frage nicht denken und übermäßig essen, bereiten den Boden für Tumoren in ihrem Astralkörper, die sie daran hindern werden, die Tore der Einweihung zu passieren. Und zugleich laden sie Schuld auf sich, denn sie nehmen etwas, das anderen gehört, was den Gesetzen der geistigen Welt entgegen läuft, wo es eine Organisation gibt, eine gerechte und harmonische Verteilung der Dinge. Ihr dürft daher als Schüler euren Wunsch, äußere Reichtümer anzusammeln, nicht größer werden lassen.

Wenn die Wesen im Himmel sehen, dass ihr eine egoistische und grobe Mentalität habt, sagen sie: »Oh nein! Der Himmel ist nicht für euch, bleibt dort unten, im Dschungel, dort wo die Raubtiere sich gegenseitig fressen, dort ist euer Platz« und ihr werdet jammern, dass man euch bestiehlt, euch beißt und sticht. Solange ihr nicht gemäß der Philosophie der Universellen Weißen Bruderschaft urteilt, leidet ihr und die Tore des Himmels bleiben euch verschlossen. Denn diese Frage der Nahrung beschränkt sich nicht nur auf die physische Nahrung. Für die Gefühle und die Gedanken gelten dieselben Gesetze. Die Verliebten, die essen bis sie überdrüssig sind, weil sie kein Maß kennen, werden schließlich auch Tumoren in ihrem Astralkörper bekommen und das Tor zum Himmel bleibt ihnen verschlossen. Der Beweis ist, dass sie hinterher vollständig überdrüssig, angewidert und ohne Inspiration sind.

Man sollte also die Vorstellung loslassen, man müsse viel essen, um sich wohl zu fühlen. Es gibt Mütter, die ihre Kinder vollstopfen, damit sie bei guter Gesundheit sind. Diese Mütter sind dumm! Anstatt die Kinder vollzustopfen unter dem Vorwand, man liebe sie, sollte man ihnen beibringen, wie man isst und ihnen das rechte Maß zeigen, denn es ist absolut notwendig, das rechte Maß zu kennen. Indem man für sich selbst mehr nimmt als man sollte, beraubt man die anderen auf die eine oder andere Weise; wenn nicht auf der physischen Ebene, dann auf der Astral- oder Mentalebene... Also, man sollte an die anderen denken. Wie viele unter euch denken daran, ihre Reichtümer zu teilen, wenn sie im Überfluss leben? Ich spreche hier für die Gefühle und die Gedanken... Es gibt Tage, in denen ihr in Verzückung lebt, ihr fühlt euch reich und glücklich... Denkt ihr in dem Moment ein wenig daran, euer Glück an all diejenigen zu verteilen, die im Leiden und der Verzweiflung leben? Nein, ihr behaltet alles für euch. Man muss ein wenig von diesem Überfluss abgeben können, von diesem Glück, das man selbst kaum aushalten kann und sagen: »Liebe Brüder und Schwestern in der ganzen Welt, was ich besitze, ist so großartig, dass ich es mit euch teilen möchte. Nehmt von diesem Glück, nehmt von diesem Licht!« Wenn ihr ein genügend entwickeltes Bewusstsein habt, um so zu handeln, werdet ihr im Himmel als intelligente Menschen voller Liebe vermerkt. Und was ihr auf diese Weise verteilt habt, wird sogar auf eurem himmlischen Bankkonto gutgeschrieben, von dem ihr später Gebrauch machen könnt, wenn ihr es braucht. Und eure Freude bleibt in euch, niemand kann sie euch nehmen, weil ihr sie in die himmlischen Speicher gebracht habt.

Wenn ihr hingegen eure Freude für euch behaltet, ohne sie teilen zu wollen, so gibt es boshafte Wesen in der unsichtbaren Welt, die euch belauern und durch eine Person in eurer Umgebung senden sie euch etwas, was euch diese Freude verlieren lässt. Selbst wenn ihr der glücklichste Mensch seid, wird etwas Unvorhergesehenes geschehen, das euch eure Freude nimmt. Das ist sicher! Weil ihr nicht daran gedacht habt, sie zu teilen, sie dem Herrn oder der

Göttlichen Mutter zu geben, indem ihr sagt: »Ich weiß nicht, an wen ich sie verteilen soll, ich bin so dumm! Diese Freude gehört Dir, Herr, und Dir, Göttliche Mutter; ich gebe sie Euch, damit Ihr sie verteilt.« Und der Herr und die Göttliche Mutter verteilen eure Freude, wobei ein Teil in den Speichern des Himmels deponiert wird. Ich erzähle euch das, damit ihr davon profitieren könnt, zu eurem eigenen Wohl und dem der ganzen Welt.

Ja meine lieben Brüder und Schwestern, ihr müsst euer Bewusstsein entwickeln, um euch phantastischen Aktivitäten zu widmen, von denen die meisten Menschen keine Vorstellung haben. Sie schlafen...! Die Eingeweihten hingegen sind bewusst, sie sind erwacht.

Ich habe auch gesagt, dass man den Astralkörper nicht übermäßig ernähren sollte, sonst überlastet ihr euch dermaßen, dass ihr nicht vorankommen könnt. Da der Weg lang ist und man klettern muss, um bis zum Gipfel zu gelangen, wie wollt ihr mit all diesen Lasten dorthin gelangen? Ihr kommt außer Atem und müsst anhalten. Mit ein wenig Brot, ein wenig Wasser und einigen Früchten gehen die anderen weiter und kommen voran, ihr hingegen müsst stehen bleiben und verschnaufen. Aber die Nacht kommt, die wilden Tiere kommen hervor und fressen euch auf. Man muss leicht sein, wenn man vorankommen will.

Auf der Mentalebene sollte man ebenfalls das Wesentliche zu bewahren wissen und nur das notwendige Gepäck mitnehmen, um sich gegenseitig zu unterstützen, sich zu helfen, sich zu erhellen und zu heilen. Warum sich überlasten, sich mit unnützen Philosophien und unglaublichem Wissen behindern? Wenn man leichtes Gepäck hat, marschiert man, kommt voran und macht Fortschritte, und jeder Fortschritt bringt Errungenschaften, Qualitäten, Tugenden und neue Kräfte und das Leben wird schön, göttlich.

Ich wiederhole daher, es ist nicht die Menge der Nahrung, die euch etwas Besseres bringen wird. Im Gegenteil, es ist oft sehr schädlich. Es ist die Qualität, die wichtig und gewinnbringend ist. Wenn ihr weniger aber besser esst, mit mehr Bewusstsein und Liebe, werdet ihr sehen, dass sich eure Gesundheit verbessert. Darum essen wir hier in Stille und konzentrieren uns auf die Nahrung. Und oftmals müsst ihr ablehnen können, was man euch anbietet. Wenn ihr nicht ablehnt, werdet ihr unfähig, eine wertvolle Arbeit zu leisten. Ihr werdet vollgestopft und schläfrig sein, wo doch eine spirituelle Arbeit auf euch wartet. Ihr dürft nicht einschlafen, denn diese Arbeit muss getan werden!

Selbst wenn ihr die Nahrung um die Hälfte oder ein Viertel verringert, könnt ihr euch noch wohler fühlen, unter der Bedingung, dass ihr diese Nahrung mit Liebe und wachem Bewusstsein zu euch nehmt, denn in diesem Moment schöpft ihr wahrhaft Kräfte. Die Energie, die ein einziger Bissen freisetzen kann, ist fähig, einen Zug um die ganze Erde fahren zu lassen. Ja, ein einziger Bissen!

Ich werde wieder und wieder über dieses Thema zu euch sprechen, weil ich weiß, dass diese Frage noch nicht vollständig klar ist. Man isst zu schnell, ohne an die Nahrung zu denken. Wenn ihr wüsstet, was ein Bissen euch für Freude vermitteln kann, wenn ihr bewusst esst! Aber nein, man schluckt, man schlingt hinunter und hat nichts an Wohlgeschmack und Glück gespürt, man hat automatisch gegessen. Ihr solltet beginnen, diese Erfahrungen hier zu machen. Kaut lange und oft und atmet tief ein; ihr werdet feststellen, dass dies das Nervensystem beruhigt wie kein anderes Heilmittel.

Für heute behaltet besonders eines, dass ihr euch hinsichtlich der physischen Nahrung beherrschen müsst, damit ihr fähig seid, euch hinsichtlich der astralen und mentalen Nahrung zu beherrschen: Es ist notwendig, in allem das rechte Maß zu haben.

Bonfin, den 18. August 1971

III

Wenn wir essen nimmt unser Organismus die Elemente, die ihm nützen, in sich auf und scheidet fremde oder schädliche Elemente wieder aus. Aber der Organismus ist nicht immer in der Lage diese Säuberung auszuführen, sei es, dass man ihn überladen hat, sei es, dass die aufgenommene Nahrung zu viel Abfall hinterlassen hat. Darum ist es ratsam zu fasten.

Natürlich sollte man das Fasten unter angemessenen Bedingungen praktizieren, zum Beispiel nicht während man eine anstrengende Arbeit machen muss. Man sollte es so einrichten, dass man in den Ferien fastet, damit man frei ist, um nur zu lesen, zu meditieren, zu beten, Musik zu hören... Umso mehr, da beim Fasten die Luft die Nahrung ersetzt und es daher empfehlenswert ist, reine Luft zum Atmen zu haben.

Viele werden feststellen, dass sie während des Fastens Schmerzen im Rücken haben oder Herzklopfen oder Kopfschmerzen... Da dies eine besondere Sprache der Natur ist und man sie nicht versteht, sagt man sich: »Niemals im Leben werde ich wieder zu fasten anfangen.« Das ist eine schlechte Schlussfolgerung. Dieses Unwohlsein ist eine Ankündigung der Natur, die euch vorwarnt, dass ihr eines Tages an eben diesen Organen, wo ihr jetzt Schmerzen spürt, leiden werdet. Wenn ihr also wissen wollt, wo eure Schwachpunkte sind, fastet einige Tage, und da wo ihr ein Unbehagen spürt, da kann eine Krankheit kommen. Das Fasten selbst ist nicht gefährlich und kann euch niemals schaden. Der Beweis ist, dass das Unwohlsein vor allem an den beiden ersten Tagen auftritt und dann verschwindet. Wenn dieses Unwohlsein vom Fasten käme, müsste es zunehmen; doch im Gegenteil, es erfassen euch Frieden und Ruhe. Und selbst wenn ihr euch entschlossen hättet, euch an jemandem zu rächen, nach einigen Fastentagen werdet ihr dies aufgeben, weil ihr findet, dass es sich nicht lohnt, dafür diesen Frieden aufzugeben.

Die Frage des Fastens reicht viel weiter als ihr euch vorstellt, meine lieben Brüder und Schwestern. Was die Missgeschicke zu uns hinzieht, das sind die Abfälle unserer vergangenen Leben. Jede Sünde, jeder Fehler hat uns etwas hinterlassen, was sich wie Abfall abgesetzt hat. Unser Unglück ist das Ergebnis all dieser Abfälle, die sich angesammelt haben und nicht beseitigt wurden. Wenn man fastet, entledigt man sich all dieser schädlichen Elemente, man befreit sich, das Licht erscheint und man ist glücklich. Darum wird in allen Religionen und spirituellen Lehren immer das Fasten empfohlen.

Fasten bedeutet nicht verzichten oder entbehren, im Gegenteil. Das Fasten dient vor allem dazu, sich zu ernähren. Wenn man dem physischen Körper die Nahrung vorenthält, beginnen sich die anderen feinstofflichen Körper zu ernähren, der Äther-, der Astral- und der Mentalkörper. Denn in uns befindet sich ein Prinzip, das sich verteidigt, das nicht sterben will. Entzieht man dem physischen Körper die Nahrung, wird ein Alarm ausgelöst. Und da es im Organismus Wesenheiten gibt, die über die Sicherheit des Menschen wachen, stellen ihm in diesem Moment diese Wesenheiten aus höheren Bereichen zur Verfügung was ihm fehlt, und er beginnt Elemente aus der Atmosphäre aufzunehmen. Darum verbessert sich die Atmung und nach einiger Zeit fühlt man, dass man eine Nahrung aufgenommen hat, die nicht von der physischen Ebene stammt. Und selbst wenn man einige Momente aufhört zu atmen, nähren andere Wesenheiten der Astral- und Mentalebene den Menschen.

Der erste Mensch ernährte sich von Licht. Später, als er in die Materie hinabgestiegen war, brauchte er im Laufe der Involution eine immer grobstofflichere Nahrung, bis er sich gezwungenermaßen so ernähren musste, wie er es heute tut. Die Eingeweihten, die wissen, dass die augenblickliche Ernährungsweise ein Ergebnis der Involution ist, versuchen daher zum ursprünglichen Zustand der Menschheit zurückzukehren, indem sie lernen, sich von immer feinstofflicheren Elementen zu ernähren. Es ist so, als würde man den Magen ablegen, dann die Lungen und so fort... Man wird so immer leichter, das Denken befreit sich. Aber das ist ein langer und schwieriger Übungsweg und sehr wenige Yogis in Indien erlangen die Herrschaft über ihre Atmung. Diejenigen, die das erreichen, können sich dann in der Akasha frei bewegen und haben Zugriff auf das gesamte Wissen, denn sie haben die Freiheit des Geistes erlangt.

Der Mensch ist aus himmlischen Regionen herabgestiegen, durch einen Vorgang, den man Involution nennt. Im Laufe dieses Abstiegs in die Materie, im Verlauf dessen er sich vom Urfeuer entfernte, um in die kalten Bereiche der Peripherie einzutreten, hat er sich mit immer dichteren Körpern belastet, bis hin zum physischen Körper; genauso wie wir alle möglichen Kleidungsstücke anziehen müssen, wenn wir im Winter mit der Kälte konfrontiert werden: von der Unterwäsche und dem Hemd bis zum Pullover und der Winterjacke.

Um jetzt den Weg nach oben wiederaufzunehmen, muss der Mensch sich entkleiden, symbolisch gesprochen, das heißt, er muss sich von allem befreien, was ihn schwer macht. Und das Fasten ist genau dafür ein Mittel. Aber Fasten bedeutet nicht nur, keine stoffliche Nahrung zu sich zu nehmen. Fasten heißt auch Verzicht auf bestimmte Gefühle und Gedanken, die uns schwer machen. Man muss lernen, zu entsagen, sich zu entlasten, anstatt immer anzusammeln. Es ist die Ansammlung, die den Abstieg fördert. Jeder Gedanke, jedes Gefühl oder jeder Wunsch, der nicht absolut spirituell ist, heftet sich an uns wie im Winter der Reif sich an die Äste der Bäume hängt. Es muss die Frühlingssonne kommen, damit der Reif schmilzt und wir wieder wir selbst werden. Sobald wir uns all dessen entledigt haben, was wir an Unnützem in uns angesammelt haben, fühlen wir uns vom göttlichen Atem durchweht. Wenn man aber alles in seinem Kopf oder in seinem Herzen haben will, gibt es keinen Platz mehr, um vom Herrn oder den Engeln besucht zu werden.

Versteht mich jetzt nicht falsch. Ich sage nicht, dass man sich der Lungen, des Magens usw. entledigen muss, denn man versteht die Wahrheit nicht, indem man seinen Körper zerstört, sondern ihr müsst euren Körper, euer Herz und euren Kopf behalten, aber ohne Reibereien, ohne Erregung. Das ist der wahre Sinn des Fastens.*

Sèvres, den 15. April 1947

* Siehe auch Band 7 »Die Mysterien von Jesod«, Kapitel 3.

Kapitel 10

Indem ein Eingeweihter einen Moment lang innehält, und mit Liebe bei der Nahrung verweilt, bereitet er seinen Astralkörper vor, ihr noch feinstofflichere Teilchen als die ätherischen zu entnehmen. Sobald der Astralkörper diese Elemente aufgenommen hat, hat er alle Möglichkeiten, die hochstehendsten Gefühle hervorzubringen, wie die Liebe zur ganzen Welt, die Empfindung, glücklich und voller Frieden zu sein und in Harmonie mit der Natur zu leben.

Große Schätze sind in der Nahrung verborgen, zu denen nicht jedermann Zugang hat. Wenn ihr glaubt, dass alle einen Magen, Lungen und ein Gehirn haben, die fähig sind, das Göttliche aufzufangen, täuscht ihr euch. Dazu bedarf es einer gründlichen Vorbereitung. Aber an dem Tag, an dem man bereit ist, ist man ins Licht getaucht, man fühlt sich voller Frieden, geschützt, gewiegt in den Armen der Mutter Natur. Sie erkennt uns in dem Moment als ihr Kind an und liebkost uns, sie gibt uns ihre Freuden. Man weiß nicht einmal, woher diese Freuden kommen und fühlt sich glücklich, so als würden uns Himmel und Erde gehören. Das lässt sich nicht erklären. Allein diejenigen können mich verstehen, die schon spüren, dass überall etwas da ist, das sie unterstützt und schützt. Sie fühlen sich leicht, voller Vertrauen, wie ein Kind das neben seiner Mutter einschläft, ohne Furcht, dass ihm etwas geschehen könnte. Das ist die gleiche Empfindung. Unglücklicherweise verlieren die Menschen diese Empfindung mehr und mehr; sie spüren nicht mehr den Schutz, die Fürsorge, die Liebe und Freundschaft der Dinge, der Natur, der Bäume, der Berge, der Sterne. Sie sind immer mehr beunruhigt, verwirrt, verängstigt, selbst wenn sie zu Hause in Sicherheit sind. Selbst während des Schlafes fühlen sie sich immer von überallher bedroht, weil sie den Schutz der Mutter Natur nicht mehr spüren. Das ist ein subjektiver Eindruck, denn in Wirklichkeit sind sie nicht besonders bedroht, aber innerlich zerfällt etwas und sie fühlen sich nicht mehr geschützt.

Dank der Lehre kann es dem Schüler der Universellen Weißen Bruderschaft gelingen, diese Empfindung des Vertrauens wiederzufinden. Wenn ihr also auf mich hört, wenn ihr lernt, die Nahrung mit Liebe zu essen, werden sich euch neue Horizonte eröffnen.

Bonfin, den 25. Juli 1971

Kapitel 11

Um seinen Mentalkörper zu ernähren, konzentriert sich ein Eingeweihter auf die Nahrung und schließt sogar die Augen, um sich besser konzentrieren zu können. Die Nahrung stellt für ihn eine Manifestation der Gottheit dar und er bemüht sich, sie in all ihren Aspekten zu erforschen: Woher sie kommt, was sie enthält, welche Qualitäten ihr entsprechen, welche Wesenheiten sich um sie gekümmert haben; denn unsichtbare Wesen arbeiten an jeder Pflanze, jeder Frucht. Von diesen Überlegungen in Anspruch genommen, meditiert sein Geist gründlich und empfängt Offenbarungen.

I

Indem ihr bewusst esst, könnt ihr alle Wunder der Schöpfung wiederfinden, denn die Nahrung erzählt euch ihre Geschichte. Sie erzählt euch von der Sonne, den Sternen, den Engeln und von Gott. Die Ernährung ist eine Art Radiästhesie. Jedes Wesen, jeder Gegenstand sendet besondere Strahlen aus, und ein Radiästhesist vermag diese Strahlen aufzufangen und sie zu interpretieren. Nun hat die Nahrung aber Strahlungen aus dem gesamten Kosmos empfangen, denn die Sonne, die Sterne, die Atmosphäre und die vier Elemente haben auf ihr unsichtbare aber wirkliche Eindrücke hinterlassen. Sie haben sie mit allen möglichen Teilchen, Kräften und Energien imprägniert. Wenn die Menschen bewusst wären, wenn sie um den Reichtum und den Wert der Nahrung wüssten, wenn sie daran dächten, dem Himmel zu danken und sich voller Liebe und Anerkennung zeigen würden, könnten sie all diese himmlischen Botschaften entdecken, auffangen und entziffern.

Die Natur hat genau erkannt, dass die meisten Menschen schlafen und unwissend sind, aber sie ist so großzügig, dass sie sagt: »Ach, ob sie nun intelligent, bewusst, erwacht sind oder nicht, ich werde es so einrichten, dass die Nahrung ihnen Kräfte gibt, damit sie am Leben bleiben können.« Wie die Tiere so können auch alle unbewussten Menschen dank der Nahrung bestehen, das ist klar, aber sie lässt sie nicht spirituell wachsen, sie fühlen nur ein physisches Wohlbefinden. Wenn es darum geht, die göttlichsten Teilchen der Nahrung aufzunehmen, geht man leer aus, solange man nicht bewusst, wach und voller Liebe isst.

Die Schüler der Universellen Weißen Bruderschaft sollen nicht Tieren oder gewöhnlichen Menschen gleichen, die mechanisch handeln. Sie müssen im Gegenteil mit klarem Bewusstsein essen und sich an der Nahrung erfreuen, indem sie daran denken, dass das ganze Universum mitgewirkt hat, um all diese Früchte und Gemüse hervorzubringen, die vor Reichtümern überquellen. Die Menschen sollten sich schämen, etwas für sie so sehr Wesentliches an die letzte Stelle zu setzen. Dass mir keiner später erzählt, sie seien besonders intelligent, kultiviert und entwickelt. Allein ihre Art und Weise zu essen genügt bereits, um mir zu zeigen, dass sie noch sehr weit von wahrer Intelligenz und wahrer Kultur entfernt sind. Das ist für mich ein Test.

Ihr seid euch noch nicht im Klaren darüber. Seit Jahren spreche ich zu euch über die Ernährung und es wurde noch nicht verstanden: Ihr esst während ihr an etwas anderes denkt, an alle möglichen anderen Dinge... Sicher, ihr esst in Stille, brav, ohne Lärm zu machen, aber ihr seid immer zerstreut, weit weg vom Thema. Bemüht euch, euch einige Minuten auf die Nahrung zu konzentrieren, die ihr gerade esst, indem ihr euch klar macht, dass ihr mit dem ganzen Universum kommuniziert und ihr werdet begreifen, dass es keinen mächtigeren magischen Vorgang gibt, da ihr euch sofort wieder erholt fühlt, gestärkt und bereit, an die Arbeit zu gehen.

Ich weiß, dass meine Worte in den Ohren der Wissenschaftler seltsam klingen. Sie beschränken sich auf einen Bereich, von wo aus sie niemals die Wahrheit sehen werden. Sie befassen sich mit den Schalen, den Hüllen und sehen nicht das Leben, das in allem kreist, weil sie das Leben nicht erforschen; sie untersuchen Kadaver, Krankheit und Tod, aber sie erforschen weder das Leben, noch die Reinheit, das Licht oder die Sonnenstrahlen. Sie untersuchen die Dunkelheit, sie wollen die Finsternis, die Hölle, die Kloake kennen lernen... Nun, sie werden sie kennen lernen. Sie haben den Weg noch nicht gefunden, der zu den Höhen führt.

Bonfin, den 26. September 1973

II

Ja, meine lieben Brüder und Schwestern, all diese Früchte und Gemüse, die von der Sonne bestrahlt und vom Einfluss der Sterne, der Luft, des Wassers, der Tiere und Menschen durchdrungen sind, würden in euch all die Teilchen und Energien hinterlassen, die sie aufgefangen und angesammelt haben, und sie würden euch all ihr Wissen offenbaren, wenn ihr sie nur bewusst essen könntet. Sicher, diese Worte werden manch einen erstaunen... Wer glaubt schon, dass die Nahrung uns Offenbarungen bringen kann? Dass sie uns Kräfte vermittelt, daran zweifelt niemand, und jeder hat von Kalorien, Vitaminen und Hormonen gehört... Aber man ist nicht darüber hinaus gegangen, um zu sehen, was die Nahrung uns auf den feinstofflichen Ebenen bringt. Wenn man sich konzentrieren, sich vorbereiten und in einen empfänglichen Zustand versetzen kann, hört man sogar die Melodien, die die Nahrung spielt und singt. Da das ganze Universum sie beeinflusst hat, ist sie mit all den Teilchen des Kosmos angefüllt. Die Nahrung ist unbeschreiblich vielschichtig und vielfältig. Die meisten Menschen essen zu mechanisch und zu schnell und manchmal sogar ohne zu kauen; sie nehmen daher von der Nahrung nur die gröbsten Teilchen und niemals die ätherischen Energien auf, wie wir es hier beim Essen lernen.

Wenn ihr bewusst essen könnt, offenbart euch die Nahrung eine unglaubliche Welt, sie sagt euch, wie all die Teilchen, aus denen sie besteht, das Universum durchquert haben, um sich gemeinsam zu organisieren und euch Leben zu bringen. Welche magische Zeremonie, welcher Talisman ist in der Lage, euch solche Energien zu geben? Für mich besteht die vollkommenste weiße Magie, die ich jeden Tag praktiziere, darin, richtig essen zu können.

Die Nahrung ist von all den Energien des Kosmos durchdrungen, ja, sie hat sogar die Eindrücke aufgezeichnet, die die Menschen auf ihr hinterlassen haben, die an ihr vorüber gegangen sind oder auf den Feldern gearbeitet haben. Sie kann euch also ihre Geschichte erzählen, sie kann euch mitteilen, welche Wesen an ihrem Wachstum beteiligt waren, welche Wesenheiten sich beständig, Tag und Nacht, darum gekümmert haben, ihr diese oder jene Eigenschaft aufzuprägen, um den Menschen, den Kindern Gottes nützlich zu sein.

Die Nahrung ist mit Kräften und Teilchen angefüllt, die nicht allein von der Erde stammen, sondern aus dem gesamten Kosmos und diese, aus dem Kosmos stammenden Elemente, haben sich auf der Erde in Form von Blumen, Gemüsen und Früchten materialisiert. In Wirklichkeit materialisiert sich die Nahrung auf der Erde genauso wie sich die Kinder im Bauch der Mutter materialisieren. Zu Anfang waren die Pflanzen und die Früchte Geistwesen, um aber wirksam auf der Erde tätig werden zu können, mussten sie sich den Gesetzen der physischen Ebene anpassen. Man kann nicht auf der physischen Ebene arbeiten, wenn man keinen physischen Körper hat; ebenso kann man nicht auf der spirituellen Ebene arbeiten, solange man nicht von den Fesseln des physischen Körpers befreit ist. Der Mensch, der sich nicht von seinem physischen Körper befreien kann, hat keinen Zugang zu den himmlischen Regionen. Um auf der göttlichen Ebene zu wirken, muss man ein reiner Geist sein. Um aber auf die Materie einzuwirken, muss man sich materialisieren können. Das ist der Grund warum sich der Mensch, der Geist ist, inkarniert und einen physischen Körper annimmt: Um an der Materie arbeiten zu können.

Die Früchte sind also sehr spirituelle Wesen oder Energien, die sich auf der Erde inkarnieren. Der Obstbaum, der dieselbe Rolle wie eine Mutter spielt, bekleidet sie mit Materie, dem

Fruchtfleisch, das wir dann essen und dank dem wir die von sehr weit her kommenden Elemente aufnehmen. Die Nahrung hat eine viel weit reichendere Bedeutung, als wir es uns vorstellen. Große Mysterien sind in ihr verborgen. Im Frühling trägt der Baum keine Früchte, aber einige Monate später erscheinen sie an ihm, materialisiert. Wie kommt es dazu? Was gab es da in der Pflanze, welcher Plan war im Samen verborgen, bevor die Frucht wächst, sichtbar und berührbar wird?

Alles was in der Welt existiert, ist dazu da, die großen Mysterien des Universums zu offenbaren, aber man ist sich dessen nicht bewusst. Man isst und trinkt automatisch und sieht und begreift nichts. Nehmt einmal an, ihr hättet sehr erhabene Gedanken und Gefühle. Aber sie bringen kein greifbares Ergebnis hervor, weil ihr einfach nicht wisst, wie ihr sie materialisieren sollt. Die Bäume wissen es, die Mütter wissen es, obwohl es selbst bei ihnen nicht bewusst geschieht. Man muss lernen, seinen eigenen Gedanken Gestalt zu geben. Wenn man etwas bei den materialistisch eingestellten Menschen bewundern muss, dann ist es, dass sie etwas realisieren. Die Spiritualisten hingegen, die nicht an der Materie arbeiten können, weil sie sie nicht kennen, verwerfen sie und realisieren daher nichts. Ein wahrer Eingeweihter muss sowohl Spiritualist als auch Materialist sein. Aber er weiß nicht nur wie er mit der Materie umgehen muss, er kann sie auch vergeistigen, immer weiter, bis sie den Grad von Feinheit erreicht hat, welcher der göttlichen Welt entspricht. Und er kann auch die spirituelle Wirklichkeit in der Welt greifbar machen. Genau dazu ist ein großer Eingeweihter, ein großer Meister fähig.

Lasst mich mit Spiritualisten und Mystikern in Ruhe. Nichts ist klar in ihrem Kopf. Sie bilden sich ein, Spiritualität bestehe aus einer feindlichen Einstellung der Materie gegenüber. Oh nein, man soll sich ihrer bedienen, weder ihren Verführungen erliegen, noch ihr Sklave werden, sondern mit ihr arbeiten lernen, um gigantische spirituelle Dinge verwirklichen zu können. Und so sieht das Ideal des Schülers der Großen Universellen Bruderschaft aus: fähig zu sein, genauso gut mit der Materie wie mit dem Geist zu arbeiten, weder das eine noch das andere abzulehnen. Die Materialisten lehnen die spirituelle Seite ab, die Spiritualisten lehnen die Materie ab, und beide haben eine unvollständige Sicht der Dinge. Die Fülle, das ist die Philosophie der Eingeweihten, die einzig wahre Philosophie, weil sie Geist und Materie umfasst.

Ihr habt nun ein Thema, über das ihr tagelang nachdenken könnt, um zu begreifen was ich euch heute gesagt habe. Geist und Materie – das ist Arbeit, die für das ganze Leben reicht. Wenn ihr esst, denkt von nun an daran, den Geist in die Materie einzuführen, um sie zu formen, zu modellieren, ihr eine Form, eine Ausrichtung, einen Impuls zu geben... Darin besteht die wahre Arbeit. Ihr werdet euch danach großartig erfüllt fühlen. Habt ihr bemerkt, dass ihr euch an manchen Tagen nach dem Essen entspannt, gestärkt und klar fühlt, ein anderes Mal dagegen die Nahrung nur ein Loch in euch gefüllt hat, ohne euch etwas Zusätzliches zu bringen? Diese verschiedenen Zustände sprechen eine Sprache. Man sollte den Zustand des Wohlbefindens erreichen, aber des spirituellen Wohlbefindens, und den erreicht ihr, indem ihr lernt, mit Liebe zu essen.

Bonfin, den 18. August 1971

Kapitel 12

Über den Äther-, den Astral- und den Mentalkörper hinaus besitzt der Mensch andere, noch feinstofflichere Körper, den Kausal-, den Buddhi- und den Atmankörper, die ebenso ernährt werden müssen. Nachdem ihr also bewusst geatmet, die Nahrung mit Liebe gegessen und über sie meditiert habt, lasst euch von einem Gefühl der Dankbarkeit dem Schöpfer gegenüber durchdringen, denn auf diese Weise wird es euch gelingen, eine wahre Kommunion mit ihm zu verwirklichen. Wenn ihr wisst, wie ihr eure drei höheren Körper ernähren könnt, werdet ihr Verzückungen und Ekstasen erleben.

I

Die Menschen sind so nachlässig, unbewusst und abgestumpft, dass sie sogar essen ohne zu danken, ja, ohne sich all dessen bewusst zu sein, was sie dieser Nahrung verdanken. Wie und durch wen sie zubereitet wurde, das kümmert sie nicht im Geringsten, sie wollen es nicht einmal wissen. Aber es gibt folgende Gerechtigkeit auf der Erde: Handelt leichtfertig und ihr werdet fast nichts gewinnen; aber handelt bewusst und ihr werdet mit allem überhäuft.

Dankt daher für den Segen, Nahrung zu haben, dank derer ihr alles bekommen könnt: Leben, Gesundheit, Verständnis, Freude. Das lohnt sich doch immerhin, denn die Folgen sind derart außergewöhnlich! Wie ist es möglich, dass eine einfache Mahlzeit – Früchte und Gemüse, die unbelebte Materie sind – uns solche Reichtümer gibt und uns in die Lage versetzt, zu gehen, zu sprechen, zu lesen, zu singen, zu denken und schöpferisch zu sein? Das ist unglaublich! Wenn wir nicht essen, können wir nichts tun, sollten wir also dieser Nahrung nicht die größte Aufmerksamkeit schenken? Wenn die Erkenntnisfähigkeit des Menschen so vernebelt ist, verdient er es nicht, die Gnade des Himmels zu erhalten. Wie soll sich der Himmel Geschöpfen gegenüber öffnen, die weder Achtung haben noch dankbar sind? Der Himmel verteilt seine Reichtümer nicht an jeden. Indem man mit Dankbarkeit isst, kann man die Himmelstore öffnen, durch die unglaubliche Segnungen herabkommen.

Wenn ihr euch weiterentwickeln wollt, betrachtet die Mahlzeiten als einen heiligen Akt, eine magische Zeremonie, in die ihr eure ganze Seele, euer ganzes Denken, euer ganzes Herz hineinlegen müsst. In manchen bäuerlichen Familien betrachtet man die Nahrung als etwas Heiliges, ganz besonders das Brot. Achtet darauf, wie die Bauern sich dem Brot gegenüber verhalten und wie sie für dieses Brot danken, während die meisten Menschen heutzutage keine Achtung vor dem Brot haben. Aber der Himmel sieht das gar nicht gerne, und um die Menschen zum Nachdenken zu bringen, kann es geschehen, dass er ihnen das Brot nimmt.

Wenn ihr ein heiliges Gefühl habt, gegenüber allem was Gott erschaffen hat, selbst den Bäumen, den Sternen, den Flüssen, den Bergen, den Steinen gegenüber, dann öffnet sich alles, alles enthüllt sich vor euch und ihr seht, ihr fühlt, ihr lebt!

Bonfin, den 17. September 1968

II

Lesung des Tagesgedankens:

»Während ihr esst, sei euer Herz durchflutet von Dankbarkeit gegenüber dem Schöpfer! Durch diese innere Haltung löst ihr Kräfte aus, die es euch ermöglichen, eine wunderbare Arbeit in euch selbst und in eurer Umgebung zu tun.«

Ich habe schon mehrmals über die Dankbarkeit zu euch gesprochen. Es ist eine Kraft, deren Bedeutung die Psychologie noch nicht entdeckt hat. Die Menschen machen sich alles zunutze, ohne das geringste Gefühl von Dankbarkeit, und besonders wenn sie essen, denken sie an andere Dinge. Selbst wenn sie das Essen wirklich genießen, fühlen sie sich niemals veranlasst, dem Herrn für das Geschenk dieser Nahrung zu danken. Wenn sie nur um die Macht dieses Gefühls wüssten! In Wirklichkeit ist die Dankbarkeit fähig, die grobe Materie in Licht und Freude umzuwandeln, und man sollte lernen, sie zu benutzen.

Bemüht euch daher, mit Dankbarkeit zu essen. Ihr meint, dass man auch Kräfte aufnimmt ohne in Dankbarkeit zu essen, man fühlt sich gut und man kann arbeiten. Ja, im physischen Bereich ist das wahr, aber ihr habt die Frage nicht genau untersucht. Jeder Bereich des Universums besteht aus unterschiedlichen Materialien. Nehmt zum Beispiel den Bereich des Denkens, des Bewusstseins oder den der Gefühle, der Empfindungen: Die Materie, aus der sie bestehen, ist viel feinstofflicher als die der physischen Ebene. Man kann die Gedanken weder berühren noch in Stücke schneiden und doch sind sie wirklich, sie wirken und alles, was im Leben geschieht, wird durch die Gedanken hervorgerufen. Welcher Art also die Materialien dieser Bereiche sind, das ist ein Thema, das noch nicht erforscht wurde, und das ist bedauerlich.

Das Universum ist aus zahlreichen Regionen zusammengesetzt, deren Materie immer feinstofflicher und subtiler ist. Diese Abstufung lässt sich bereits auf der physischen Ebene mit ihren vier Zuständen der Materie feststellen, dem festen, dem flüssigen, dem gasförmigen und dem feurigen. Diese Elemente unterschiedlicher Natur rufen auch unterschiedliche Wirkungen hervor. Erde, Wasser, Luft und Feuer haben jeweils besondere Eigenschaften. Wenn wir essen, sind all diese Elemente im Magen am Werk. Wie in einem alchimistischen Laboratorium vollziehen sich Umwandlungen und Verbindungen aller Art. Nun sollte man die Umwandlungen dieser Materie, die in den Magen gelangt ist und die man verdauen wird, studieren, wenn man ihr Dankbarkeit, lichtvolle Gedanken und sogar noch ein heiliges Gefühl gegenüber all dem in ihr verborgenen Reichtum hinzufügt. Sobald der Schüler sich bemüht, vernünftig und harmonisch zu essen, indem er sich auf erhabene Themen konzentriert, verwandelt sich die Nahrung... oder vielmehr setzt er in seinem Verdauungssystem andere Apparate in Gang, welche die feinstofflichen Teilchen der Nahrung auffangen. Diese spirituellen Elemente machen sich an die Arbeit und rufen Phänomene anderer Art hervor: Dank ihrer Aktivität kann der Schüler meditieren, Offenbarungen, Ekstasen erleben, lichtvolle Emanationen hervorbringen, die er in die ganze Welt aussendet. So wird er zu einem Wohltäter der Menschheit.

Viele Menschen sind sich zwar des Einflusses ihrer Gedanken und Gefühle auf das Funktionieren ihres Organismus bewusst geworden, aber sie haben es meist nur in Fällen von negativen Gedanken und Gefühlen beobachtet, wenn sie Hass, Wut oder Angst verspürten, aufgrund schlechter Nachrichten. Dann funktionieren die endokrinen Drüsen nicht richtig, ihre Sekretion ist unregelmäßig, der Organismus ist gestört und man fühlt sich vergiftet. Jeder weiß, dass negative Gefühle der Gesundheit schaden, aber wer tut auch etwas, um sie zu vermeiden, um sich zu beherrschen und seinen psychischen Zustand zu verbessern? Dabei ist es einfach zu verstehen, dass man in dem Maße, in dem man von negativen Gefühlen und Gedanken vergiftet wurde, man auch befreit, gestärkt, belebt und erneuert wird, wenn man mit positiven Bewusstseinszuständen arbeitet.

Auf Grund ihrer bedauerlichen Lebensweise sind viele Menschen Übeltäter und Feinde der Menschheit. Offensichtlich sind sie sich nicht im Klaren darüber und sagen: »Aber ich schade nur mir selbst«, und sie fühlen sich unschuldig, unbescholten. Sie wissen nicht, dass sie in Wirklichkeit immer Unruhe und Störungen mitbringen, wenn sie herumlaufen und mit ihrer Umgebung in Kontakt kommen. Denn für das Böse wie für das Gute gibt es keine Grenzen zwischen sich und den anderen. Wenn ihr euch selber schadet, schadet ihr der ganzen Menschheit, denn das Böse verbreitet sich. Und wenn ihr euch Gutes tut, tut ihr es der ganzen Menschheit und dem gesamten Universum, weil auch das Gute sich verbreitet.

Hier sind wir in einer Schule, in der man lernt, wie man alles besser machen kann: Wie man besser essen, besser lieben, besser arbeiten kann usw., und wenn man nicht lernen will, das sage ich euch, wird man sich den Kopf einrennen. Es werden Unfälle passieren und es wird Unglücke geben, weil man sich geweigert hat, die Wahrheit zu erkennen. Unwissenheit bringt niemals das Glück.

Von nun an müsst ihr wissen, wie sehr ihr euch entwickelt, wenn ihr bewusst mit Liebe und Dankbarkeit esst. Es erwachen dann andere Fähigkeiten und ihr profitiert wirklich tiefgehend von all dem Reichtum, der um euch ist. Achtet daher immer mehr auf eure Essensweise, sogar zu Hause. Sicher, wenn ihr hier seid, in der Bruderschaft, tut ihr euer Möglichstes, um die Regeln zu beachten, die ich euch gegeben habe: in Stille essen, keine Geräusche mit dem Besteck machen, an die Nahrung denken. Aber erst einmal zurückgekehrt, beginnt ihr wieder irgendwie zu essen, mit Lärm und Diskussionen. Wenn ihr in die Bruderschaft zurückkommt sieht man sofort, dass ihr euch seit langem nicht mehr geübt habt. Ich rate euch daher: Übt euch beständig, um eines Tages die Quintessenz, den magischen Sinn der Ernährung wirklich begreifen zu können.

Bonfin, den 18. August 1971

III

Ihr habt gewiss bemerkt, meine lieben Brüder und Schwestern, dass man in den meisten Lebensumständen eine Wahl treffen muss. Wenn ihr auf den Markt geht, kauft ihr nicht alles, ihr gebt euch damit zufrieden, nur das zu kaufen, was ihr braucht. Und je nach der Arbeit, die ihr durchführen müsst, braucht ihr ganz bestimmte Materialien. Ihr nehmt also nur diese und lasst alle anderen beiseite. Ihr werdet sehen, wie bedeutsam dieses Phänomen ist und welche Schlussfolgerung man daraus ziehen kann.

Man begegnet immer denselben Prinzipien: Geist und Materie. Der Geist, das ist die Intelligenz, er hat seine Pläne, seine Gesichtspunkte, und er sucht und wählt seine Materialien aus, die Materie, an der er arbeiten wird. Es ist der Geist, der zur Materie geht, um von ihr zu nehmen, was er braucht. Die Materie hingegen rührt sich nicht von der Stelle, sie wartet... sie wartet auf den Geist. Die im Universum verteilte Materie ist von einer außerordentlichen Vielfalt an Formen, Farben und Dichte. Um all ihre Elemente nutzen zu können, muss man intelligent, aktiv und dynamisch sein.

In der Stille, die wir hier während der Mahlzeiten einhalten, sollten wir die erhabensten Gedanken hervorbringen, denn diese Stille wird dann derart mächtig und magisch, dass sie alle notwendigen Elemente für die Entwicklung unserer feinstofflichen Körper bis hin zum Glorienleib enthält. Der bewusste Mensch, der den Geist in sich trägt, muss für seine spirituelle Arbeit Gedanken und Gefühle aus bester Materie auswählen, das heißt lichtvolle, reine und vollkommene. Ja, die Stille ist keine Leere, es gibt keine Leere in der Natur, alles ist mit immer feinstofflicheren Kräften, Materialien und Elementen angefüllt. Diese machtvolle und magische Stille ist eine Mine voller Schätze. Darum können wir während der Mahlzeiten, mit Hilfe des Denkens und des Fühlens, die besten Bedingungen vorbereiten, um die Materialien zu finden, die für den Aufbau unseres Glorienleibes Verwendung finden.

Der Körper der Glorie ist ein Same, ein winziger Same, ein Elektron, das wir alle als Erbe mitbekommen haben und das darauf wartet, geformt, genährt und entwickelt zu werden; genauso wie der Same des Vaters, den die Mutter neun Monate lang in sich trägt und ihm währenddessen die notwendigen Materialien hinzufügt, damit die Heranbildung eines lebendigen Menschen gelingt, der fähig ist, die ganze Welt aufzurütteln. Genau das Gleiche geschieht in uns selbst. Wir besitzen diesen Samen des Glorienleibes und wir müssen ihn formen. Aber niemand denkt an ihn, niemand kümmert sich um ihn. Er wartet, vernachlässigt, fast beerdigt. Glücklicherweise kann er nicht sterben und wartet auf den Augenblick, in dem der Schüler bewusst wird und daran arbeitet, ihn zu entwickeln, ihn stark und lichtvoll zu machen. Dann wird er allwissend, wird fähig, im Weltenraum zu wirken, Kranke zu heilen, zu prophezeien.

Der Körper der Glorie ist der Körper Christi, der Körper des Lichts, der Ewigkeit. Ja, er ist der Körper der Ewigkeit, denn er stirbt nicht.

Mit dem Glorienleib kann man sich nur in der Stille befassen, das heißt im Frieden, in der Harmonie, im Bereich der Intelligenz, im Licht, dort wo sich die himmlischen Materialien befinden. In dieser Stille kann man eine gigantische Arbeit an seinem eigenen Körper ausführen.

Allein das Einweihungswissen wird dem Menschen die Mittel geben, wieder er selbst zu werden und eine außerordentliche Zukunft voller Licht, Glück und Herrlichkeit zu haben.

Bonfin, den 20. August 1971

IV

Die vier Elemente, die den vier Zuständen der Materie entsprechen, sind in der Nahrung, die wir jeden Tag zu uns nehmen, enthalten. Wir können daher, während wir essen, mit den Engeln der vier Elemente in Verbindung treten, mit dem Engel der Erde, dem Engel des Wassers, dem Engel der Luft und dem Engel des Feuers und sie bitten, uns beim Aufbau unseres physischen Körpers zu helfen, um ihn so rein und feinstofflich zu machen, dass er zu einer Wohnstätte Christi, des lebendigen Gottes werden kann.

Jeder Engel repräsentiert ganz bestimmte Qualitäten und Tugenden: der Engel der Erde die Beständigkeit, der Engel des Wassers die Reinheit, der Engel der Luft die Intelligenz, der Engel des Feuers die göttliche Liebe. Indem der Mensch lernt, die Elemente dieser vier Engel aufzunehmen, empfängt er feinstofflichere Elemente, dank derer er seine anderen Körper, bis hin zum Lichtkörper aufbaut. Sobald es ihm gelungen ist, diesen

Lichtkörper, der auch Körper der Glorie genannt wird, aufzubauen, wird er unsterblich. Der physische Körper kann nicht sehr lange bestehen, weil er alle Elemente, aus denen er zusammengesetzt ist, der Mutter Erde zurückgeben muss, aus der er hervorgegangen ist. Aber in seinem Lichtkörper kann der Mensch ewig leben, da das Licht unsterblich ist. Dieser Lichtkörper besteht aus Elementen von größter Reinheit und größter Intensität, die den Vorgängen von Krankheit und Tod Widerstand leisten, das heißt, der Auflösung, der Zersetzung, dem Verfall. Die intensiven Schwingungen des Lichts nähren das Leben und halten es aufrecht. Darum wird der Mensch durch seinen Glorienleib, den Leib Christi, unsterblich, wenn das Licht im Menschen triumphiert.

Die Schüler der neuen Lehre verstehen die Bedeutung des Lichts; sie verstehen, dass sie es nötig haben, dieses Licht zu essen und zu trinken, jeden Tag, ohne Unterlass, mit grenzenloser Geduld und in der absoluten Überzeugung, dass das, was sie tun, das neue Leben bringt, Kraft, Gesundheit und die Herrlichkeit des Himmels. Wenn der Schüler all dieses Wissen vertieft, wird er verstehen, wie der Engel des Feuers, der Engel der Luft, der Engel des Wassers und der Engel der Erde mit Hilfe der Nahrung seine Freunde werden können, mit ihm zusammenarbeiten und sogar mit ihm sprechen können.

Um das neue Leben leben zu können, muss man sich reinigen, sich säubern, alle Schichten auflösen, die sich durch unsere falsche Lebensweise in uns angesammelt haben. Man ist so eingehüllt und überladen, dass man nicht einmal wahrnimmt, dass man eine dichte und abstoßende Atmosphäre mit sich herumschleppt, die die Bedingungen für Schwierigkeiten und Krankheit schafft. Darum muss man sich reinigen, indem man sich mit den Engeln der vier Elemente verbindet.

Also, meine lieben Brüder und Schwestern, wenn ihr esst, vergesst eure Sorgen, eure Ärgernisse und eure schlechten Gedanken, die die Nahrung vergiften und euch krank machen; verbindet euch mit den Engeln der vier Elemente. Sprecht: »Engel der Erde, Engel des Wassers, Engel der Luft, Engel des Feuers, gebt mir eure Qualitäten, Beständigkeit, Reinheit, Intelligenz, göttliche Liebe!« Auf diese Weise werdet ihr euch entwickeln, lichter und edler werden.

Bonfin, den 18. August 1960

Kapitel 13

Einer der Bereiche, in dem die Eingeweihten ihre Forschungen betreiben, ist die Ernährung. Sie haben herausgefunden, dass die Nahrung, die in den göttlichen Laboratorien mit einer unbeschreiblichen Weisheit zubereitet worden ist, magische Elemente enthält, die fähig sind, sowohl die physische als auch die psychische Gesundheit aufrecht zu erhalten oder wiederherzustellen. Aber dafür muss man wissen, unter welchen Bedingungen und mit welchen Mitteln man diese Elemente aus der Nahrung gewinnen kann, und dass das wirksamste Mittel das Denken ist.

I

Die Sonnenenergie ist in den Früchten und Gemüsen, die uns als Nahrung dienen, kondensiert. Man sollte diese Energie daher herausziehen können und sie auf bestimmte Zentren unseres Wesens verteilen. Aber das ist nur durch Mitwirkung des Denkens möglich. Allein das bewusste Denken, das sich auf die Nahrung konzentriert, ist in der Lage, sie zu öffnen, um die eingeschlossene Energie freizusetzen.

Sèvres, den 9. April 1951

Das Denken ist ein grundlegendes Element, das dem Vorgang der Ernährung seinen ganzen Wert verleiht. Um die in der Nahrung enthaltenen Quintessenzen herauszuziehen, muss das Denken in Aktion treten. Denken, das ist atmen in der spirituellen Welt; das Denken ist die Atmung der Seele. Diejenigen, die nicht denken, die nicht meditieren, atmen spirituell gesehen nicht. Wenn ihr das Denken in Aktion setzt, könnt ihr genauso wie ein Schmied, der mit einem Blasebalg die Flamme entfacht, alles verwirklichen, was ihr euch im Innersten wünscht. Ihr könnt einschmelzen, aufweichen, Formen geben.

Sèvres, den 24. März 1968

Die Ernährung ist ein Krieg zwischen dem menschlichen Organismus und den Nahrungsmitteln, die zu einer assimilierbaren Materie werden müssen. Was nicht verwertbar ist, wird ausgeschieden. Um also entsprechend aufgenommen zu werden, muss die Nahrung zerkleinert, zerstört werden. Der Organismus ist gezwungen, zu zerstören, um aufbauen zu können. Das geschieht automatisch, außerhalb unseres Bewusstseins. Aber mit Hilfe des Denkens können wir auch auf die Nahrung einwirken, um sie zu beleben und sie nicht nur mit unserem Körper in Einklang schwingen zu lassen, sondern auch mit unserer Seele; in dem Moment hilft sie uns enorm bei unserer spirituellen Arbeit.

Sèvres, den 23. Dezember 1973

II

Dem Denken gelingt es, Teilchen von feinstofflicherer Natur anzuziehen, die dem Aufbau des physischen Körpers dienen, und nach und nach wandelt sich der Mensch, er ist nicht mehr derselbe. Mit der Nahrung, die er zu sich nimmt, formt er seinen Körper und man darf nicht glauben, dass man immer intelligent, schön und ausdrucksvoll bleiben wird, solange man alles Mögliche hinunterschlingt. Man muss erkennen, dass eine Beziehung besteht zwischen der Nahrung, die man zu sich nimmt und den Zuständen, die man danach durchlebt. Wenn die Materialien, die man aufnimmt, nicht rein sind, lagern sie sich im Organismus ab, dieser weiß nicht mehr, wie er sie ausscheiden soll – und die Krankheit ist da. Man muss immer darauf achten, was man in seinen Körper hineinlässt.

Natürlich werden manche die Stelle im Evangelium zitieren, wo Jesus sagt, dass nicht wichtig ist, was in den Menschen hineingeht, sondern was aus ihm herauskommt (Mt 15,11). Man muss diese Worte richtig interpretieren. Ist es vernünftig, zu denken, dass etwas Reines hervorkommen wird, wenn ihr irgendwo Unrat hinwerft? Sicher, wenn ihr ein Eingeweihter seid, werdet ihr aufgrund eurer Reinheit alles, was ihr esst, sublimieren und in Licht umwandeln. Aber dazu muss man ein Eingeweihter, ein großer Meister sein. Für die anderen gilt, dass auch Unreines herauskommt, wenn sie unreine Dinge essen. Das ist eine Tatsache. Seht nur all die Unreinheiten, die aus dem Mund und den Augen der Leute hervorkommen, die die Nahrung nicht umwandeln, nicht sublimieren können! Sie haben Unreines hinuntergeschluckt und es kommt Unreines wieder hervor. Wie könnten sie irgendetwas umwandeln, wenn sie weder Intelligenz, noch Licht, noch Reinheit, Liebe oder Güte besitzen? Die Eingeweihten können selbst Gifte zu sich nehmen, denn sie haben eine so großartige spirituelle Arbeit geleistet, um ihre inneren Apparate einzustellen, dass nichts ihnen widerstehen kann: Alles wird gereinigt und umgewandelt, dank ihrer Liebe, ihres Willens und ihres Lichts.

Ein sehr reiner Mensch kann sich viele Dinge erlauben, weil er die anderen nicht beschmutzt; ein gewöhnlicher Mensch hingegen wird, was immer er auch tut, ja selbst mit den besten Absichten, alles beschmutzen, weil er die Kunst der Sublimation nicht gelernt hat. Ihr seht, wie klar das ist! Und in diesem Sinne muss man die Worte von Jesus verstehen. Jesus kann nicht dazu geraten haben, alles Beliebige zu essen und zu trinken, und kein Eingeweihter wird übrigens dazu raten. Erst wenn ihr eine große spirituelle Arbeit vollbracht habt und fähig seid, Gifte zu neutralisieren und Unreinheiten in Licht umzuwandeln, erst dann seid ihr frei, das zu tun was ihr wollt.

Man kann noch weiter gehen und sagen, dass euch selbst die reinsten Nahrungsmittel von bester Qualität nicht umwandeln werden, solange ihr euch nicht dazu entschlossen habt, eine spirituelle Arbeit zu machen. Das Wesentliche ist die Kraft des inneren Lebens, des Denkens und des Fühlens. Manche, wie die Makrobioten z. B., zählen enorm auf die Macht der Nahrungsmittel. Ihr wisst, die Nahrung wird aus den Menschen keine

Eingeweihten machen; sie bringt vieles, das versteht sich, aber nur unter der Bedingung, dass der Geist anwesend ist, dass er sich mit ihr befasst. Wenn der Geist fehlt, könnt ihr essen was ihr wollt, ihr werdet nichts ändern. Wenn ihr nur die Qualität der Nahrung verbessert, ohne dass der Geist, die Seele, das Denken und das Fühlen etwas von ihrer Klarheit, Reinheit und Selbstlosigkeit hinzufügen, nun, dann kann ich euch versichern: Esst alles was ihr wollt, die Unreinheit wird weiter bestehen und Krankheit und Unwissenheit ebenso, weil die Fähigkeiten dieser Nahrung begrenzt sind, auch wenn Gott viele Reichtümer in sie hineingelegt hat.

Die beste Nahrung hat noch nie bestimmte Menschen daran gehindert, boshaft und hinterlistig zu sein und die ganze Welt verwüsten zu wollen. Auch der Vegetarismus ist nicht allmächtig. Hitler war Vegetarier! Andere hingegen, die sogar Fleisch aßen oder sehr minderwertige Nahrung, sind Heilige oder Propheten geworden. Sie haben nichts studiert, sie haben alles Beliebige gegessen, sie haben irgendwo gewohnt, aber sie haben dem Geist den Vorzug gegeben und mit den paar Wahrheiten, die sie kannten, einer unermesslichen Liebe zur Wahrheit und einem unbeugsamen Willen, diese zu verwirklichen, gelang es ihnen, Wunder zu vollbringen.

Die Umwandlung des Menschen kann sich nicht ohne den Erwerb von neuen Teilchen anderer Qualität vollziehen. Jeder kann sich umwandeln, aber unter der Bedingung, dass er nach himmlischer Nahrung sucht. Diese himmlische Nahrung hinterlässt Spuren, Siegel, Einprägungen, die von ihrer Herkunft künden. Jedes Lichtteilchen besitzt andere Schwingungen, und die Spuren, die es im Menschen hinterlässt, werden ihn nach und nach vollständig umwandeln.

Bonfin, den 3. September 1971

III

Lesung des Tagesgedankens:

»Der Magen verdaut nicht für sich selbst, das Herz schlägt nicht für sich selbst, Lungen, Beine, Augen, Ohren und Gehirn arbeiten ebenso wenig für sich selbst, sondern für das Ganze, für das Wohlergehen des gesamten Menschen. Damit der Mensch gesund ist, stark, schön und leistungsfähig bleibt, sind die Zellen gezwungen, nach den Gesetzen von Liebe und Aufopferung zu arbeiten. Auf diesen großartigen Gesetzen muss man seine Existenz aufbauen. Darum müsst ihr auch in euch selbst dieses Prinzip der Liebe einführen, anstatt euch mit allen möglichen Medikamenten zu vergiften. In dem Moment werdet ihr wieder gesund, ohne irgendetwas einzunehmen. Sicher, das sind Anweisungen, die die Ärzte den Kranken niemals geben; sie verschreiben Impfungen, Spritzen, Bestrahlungen, Zäpfchen usw., aber niemals das Gesetz der Liebe. Und dabei ist das die wahre Medizin: zu begreifen, dass man seine Existenz auf dieses Gesetz gründen muss. Denn dann beginnen alle Zellen in Harmonie zu arbeiten, und ihr seid gesund, habt Kraft, Freude, Glück und Frieden. Sonst könnt ihr alle Medikamente schlucken und werdet nur noch kränker, weil ihr kein lebendiges, göttliches Element in euch eingeführt habt, ihr habt zu sehr auf äußere Heilmittel gezählt, die nicht vom geringsten Leben erfüllt sind.«

Seit Jahrhunderten und Jahrtausenden sind die Menschen gewohnt, auf alles Äußere zu zählen. Das bedeutet nicht, dass man ganz und gar alle äußeren Mittel ablehnen muss, nein, aber ihr dürft sie nicht an die erste Stelle setzen. Da alles, was außerhalb ist, nicht von euch abhängt, werdet ihr niemals erreichen was ihr euch wünscht. Darum sage ich euch, dass ihr nicht gesund werdet, selbst wenn ihr alle Medikamente schluckt. Da ein Medikament tote Materie ist, enthält es einige chemische Elemente, die anregen, die einen Reiz oder eine Beruhigung hervorrufen, aber niemals das Leben bringen. Wenn ihr kein Leben habt, werden diese Reizmittel keine Wirkung hervorrufen. Gebt einem Leichnam alle Medikamente, und er wird sich doch nicht erheben und nicht sprechen: Ihm fehlt das Leben. Es ist also das Leben, worauf es ankommt, und darum muss man sich um das Leben kümmern, es reinigen, intensivieren, bereichern; in dem Moment wird man nicht einmal mehr Medikamente brauchen. Medikamente sind nützlich, sicher, aber nur dann, wenn ihr das Leben habt. Wenn ihr bereits vollständig verschrumpelt und eingerostet seid, können Medikamente euch nicht helfen, sie werden im Gegenteil nur dazu dienen, euren Organismus zu verstopfen. Anstatt Medikamente zu nehmen, sollte man lieber fasten, den Darm reinigen usw., um sich all dieser Unreinheiten zu entledigen, und erst dann ein Medikament nehmen, das trotz allem den Organismus anzuregen vermag. Nehmt den Kaffee, er ist ein Aufputschmittel, aber er bringt nicht das Leben. Wenn ihr Kaffee trinkt, fühlt ihr euch angeregt, und ihr redet und seid aktiv, aber das heißt nicht, dass der Kaffee euch das Leben gebracht hat. Nein, er hat das Gehirn angeregt, aber er hat euch kein Leben gebracht.

Es gibt Leute, die nehmen keine Medikamente und sind bei ausgezeichneter Gesundheit, andere hingegen schlucken Tag und Nacht Medikamente und es geht ihnen nicht besser, sie bewegen sich aufs Grab zu. Man macht unglaubliche Werbung für Medikamente, aber nur um damit Geld zu verdienen. Und viele dieser Medikamente sind nicht nur unnütz, sondern sogar schädlich, das sagen die Ärzte selbst. Ich habe niemals die Wirksamkeit bestimmter Medikamente geleugnet. Die Pflanzen zum Beispiel haben heilsame Eigenschaften, die die Eingeweihten durch ihre Hellsicht herauszufinden versuchten. Und die Tiere, die Spürsinn haben, wissen instinktiv zu welcher Pflanze sie gehen müssen, um sich zu heilen. Die alten Rosenkreuzer empfahlen zwölf Pflanzen, die den zwölf Tierkreiszeichen und auch zwölf Mineralien entsprechen. Aber ich habe das nicht nachgeprüft. Ich habe keine Zeit dazu.

Was mich betrifft, ich suche gerne die Medikamente in den ätherischen, feinstofflichen Bereichen. Ich habe euch bereits in anderen Vorträgen gesagt, dass die Materie unseres Universums nacheinander die vier Zustände feurig, gasförmig, flüssig und fest, durchlaufen hat; daher finden sich all die Elemente, die jetzt im festen Zustand im Element Erde enthalten sind, auch in immer feinstofflicheren Zuständen im Wasser, in der Luft und im Äther. Durch die Atmung kann man bestimmte Teilchen auffangen, die sich bis ins Feinste aufgelöst in der Luft befinden; die höchsten homöopathischen Auflösungen finden sich in der Atmosphäre und nicht im Wasser. Und wenn man daher fähig ist, noch höher oben zu suchen, um die Elemente in ihrem ätherischen Zustand aufzunehmen, wird man all die Medikamente, die man braucht, dort vorfinden. Ihr konzentriert euch, ihr meditiert und mit Hilfe des Denkens gelingt es euch, eine unendlich kleine Menge heilsamer Substanzen aufzufangen. Aber diese unendlich kleine Menge hat eine starke Wirkung, zuallererst auf den Mentalkörper und dann der Reihe nach auf den Astralkörper, den Ätherkörper und schließlich auf den physischen Körper.

Leider denkt niemand daran, die Medikamente gleich im feinstofflichen Zustand zu suchen. Man sucht sie immer auf der physischen Ebene, im verdichteten Zustand. Aber was verdichtet ist, ist nicht so wirkkräftig, weil es nicht rein ist. Alles was kondensiert ist, besteht aus Mischungen. Wenn ihr euch daran gewöhnt, die Medikamente sehr hoch oben, im ätherischen Bereich zu suchen, erzielt ihr großartige Resultate; natürlich nicht sofort, ihr müsst euch lange darin üben, aber sobald es euch gelungen ist, werden die Ergebnisse endgültig sein.

Die beste Art, die Menschen zu heilen, ist, sie in Bedingungen zu versetzen, die das Immunsystem des Organismus kräftigen, was das Leben stärkt. Denn allein das Leben ist allmächtig. Seht wie es sich daran macht, eine Wunde zu schließen, einen Abszess aufzubrechen, Nägel, Haare oder neue Haut wachsen zu lassen. Aber dieses Leben, das allmächtig ist, wird am meisten vernachlässigt. Die Leute leben auf eine so ungeordnete, chaotische Weise, dass sie ihr Leben vergeuden, dass sie es so weit verkümmern lassen, dass es nicht mehr in der Lage ist, was es auch sei, zu heilen. Dann greifen sie auf etwas Totes zurück, eine Tablette, eine Pille... Und wenn man ihnen sagt: »Aber ihr seid dabei, auf unsinnige Weise euer Leben zu vergeuden!« sind sie erstaunt: »Wieso? Das Leben ist dazu da, um ausgegeben zu werden!« Das würde ich gerne glauben, aber wenn es wirklich dazu da wäre, warum sind sie dann krank?

Wie kann man den Menschen verständlich machen, dass alles verbunden ist? Sie sind dabei, ihr eigenes Leben umzubringen, indem sie es mit groben und dummen Beschäftigungen vergeuden, in Leidenschaften und Vulkanausbrüchen, und sie sehen nicht, dass sie dabei sind, es zu verlieren. Sie bilden sich ein, das Leben sei ewig und unerschöpflich, sie könnten machen was sie wollen, es stünde ihnen immer zur Verfügung, sie würden nichts verlieren. Und dann sind sie erstaunt, am Ende ihrer Kraft zu sein. Sie haben alles dafür getan, und dann sind sie erstaunt und beklagen sich. Wenn sie sich wenigstens nicht beklagen würden und sagen: »Was wollt ihr, ich habe Erfahrungen gemacht und sehe jetzt wo die Wahrheit ist.« Darum, liebe Brüder und Schwestern, gebt Acht auf euer Leben, bewahrt es, wie es in dem Lied heißt: »Sine moi pazi jivota: Mein Sohn bewahre das Leben, den in dir verborgenen Funken, diese kostbare Gabe.«

Nur die wahren Meister wissen, wie man das Leben bewahrt und sogar noch bereichert, um es anderen geben zu können. Wenn man eine einzige, wahre Wissenschaft bräuchte, dann wäre es diese: Wie man das Leben so lange wie möglich bewahrt und es im Dienst an der ganzen Welt austeilt, anstatt es nur für sich selbst für Dummheiten sinnlos zu vergeuden.

Allein das Leben ist fähig, euch zu heilen. Man sollte daher an das Leben denken und es von bestimmten Elementen befreien, die es lähmen und vergiften. Dann kann man, dank dieses Lebens, nützliche, großartige, himmlische Dinge in Angriff nehmen, und man wird sich erfüllt fühlen, man wird von unaussprechlicher Freude erfüllt sein.

Denkt daran, für das Wohl der ganzen Welt zu arbeiten. Dank dieser Idee schöpft ihr Lebensteilchen aus der überströmenden Quelle, aus der unerschöpflichen Quelle des Himmels, um anderen dieses überquellende Leben zu bringen und alle in eurer Umgebung fühlen sich belebt. Andere hingegen, die ihr Leben vergeudet haben, werden wie Vampire, die das Leben anderer aussaugen müssen.

Es gibt sogar Schüler, die, anstatt eine spirituelle Arbeit zu machen, anstatt ihren Willen zu stärken, einen Meister aufsuchen, um von seinen Kräften zu nehmen, in der Hoffnung, dass sie sich durch den Kontakt mit ihm bessern. Anstatt sich anzustrengen und sich zu reinigen, konzentrieren sie sich auf ihren Meister, auf sein Photo, ohne sich bewusst zu machen, dass sie so zu Vampiren werden und ihrem Meister die Kraft nehmen. Ich habe euch Methoden gegeben, um im spirituellen Leben voranzukommen, mehr kann ich nicht tun. Ein Meister ist nicht allmächtig, er kann euch zum Beispiel nicht zum Essen zwingen, ihr müsst selber essen. Er wird euch Nahrung geben, aber ihr müsst selber essen. Und wenn ihr sagt: »Nein, nein, er soll essen,« nun, dann wird er Kräfte bekommen, während ihr zugrunde geht. Die Schüler glauben immer, der Meister müsse ihre Arbeit tun. Nein, der Meister wird euch alle zum Aufbau eures Palastes nötigen Materialien geben, er wird euch sogar Zement, Holz, Bretter und Nägel geben, aber an die Arbeit müsst ihr euch selbst machen, er wird den Palast jedenfalls nicht aufbauen. Wenn der Meister die Arbeit tut, wird er gewinnen, stärker werden und ihr gewinnt nichts dabei, ihr werdet schwächer. Versteht das richtig, dass ein Meister nicht alles kann. Auch die Sonne ist nicht allmächtig, wenn ihr die Vorhänge zugezogen lasst, wird sie niemals in euer Zimmer scheinen können.

Man zählt immer viel zu sehr auf die anderen, so wie man auch zu sehr auf Medikamente zählt. Anstatt sich zu konzentrieren, die erwünschte Verbesserung zu visualisieren, einige Worte auszusprechen, um im Inneren segensreiche Elemente auszulösen, tut man lieber nichts, man sucht nach einem Medikament... Es ist viel einfacher, den Mund zu öffnen und zu schlucken! Man meidet die Anstrengung, man will das Leichte und bleibt ewig im gleichen Zustand von Schwäche. Das Medikament hat eine kleine Erleichterung gebracht, aber am folgenden Tag beginnt alles von vorne und man muss die Dosis erhöhen. Wenn es um spirituelle Bemühungen geht, sind die Leute so faul! Um physisch etwas zu erreichen, ja, da suchen sie, bewegen sich von der Stelle, legen Kilometer zurück. Da sind sie nicht faul, um bis zur Kneipe zu gehen; selbst wenn sie sich dorthin schleppen müssen, kommen sie bis dort hin und bemühen sich zu trinken. Aber das sind nicht die Anstrengungen, die man machen sollte!

Ich behaupte nicht, dass man niemals Medikamente nehmen sollte. Da ihr so sehr daran gewöhnt seid, nehmt welche, aber nehmt zunächst das andere, das himmlische Medikament, und danach nehmt eure Pillen, das ist dann zehnmal besser.

Bevor ich nun zum Ende komme, möchte ich noch etwas hinzufügen, woran ihr niemals gedacht habt: Die Menschen sind pharmazeutische Laboratorien mit allen Medikamenten, aber auch mit allen schädlichen Produkten. Wenn man sagt: »Oh, da kommt die Pest!« meint man ein Mannweib, das sich mit allen Giften nähert. Bei anderen hingegen ist man schon geheilt, kaum dass man sie wahrgenommen hat. Eure Liebste ist zum Beispiel eine Apotheke mit den wirksamsten Medikamenten. Sobald sie erscheint, kommt ihr auf die Beine mit glänzenden Augen, selbst wenn ihr erschöpft und krank wart, und seid geheilt. Aber ja, nur weil die Ausströmungen der Menschen heilsame Elemente oder Gifte enthalten können. Die Medizin hat sich noch niemals mit dieser Frage beschäftigt und doch ist das eine Tatsache. Es gibt zum Beispiel bestimmte Ärzte, die durch ihre bloße Gegenwart so wohltuend auf die Kranken wirken, dass die Kranken sich fast schon wieder gesund fühlen, kaum dass der Arzt ihr Zimmer betreten hat. Diese Menschen sind wirklich dafür geboren, heilende ätherische Teilchen auszuströmen.

Ihr seht also, meine lieben Brüder und Schwestern, wie viel es noch zu erforschen gibt und vor allem, wie viele Übungen man noch machen muss, damit man sich weiterentwickeln und zu einem Beispiel, einem Vorbild des neuen Lebens wird.

Bonfin, den 16. August 1976

Kapitel 14

In der neuen kommenden Rasse wird man die Menschen lehren, dass der Vorgang der Ernährung keineswegs so einfach und unbedeutend ist, wie sie anzunehmen pflegen, sondern dass hinter dieser täglichen Handlung Gott für jeden von uns die Möglichkeit verborgen hat, eine psychische Arbeit von höchster Bedeutung auszuführen, weil die Ernährung den Menschen in seiner Gesamtheit betrifft.

I

Ganz unten auf der Leiter der Geschöpfe findet man Mikroorganismen, Einzeller, Infusorien, Amöben usw., und was tun sie? Sie ernähren sich, das ist alles, sie tun nichts anderes. Sie ernähren sich mit ihrem ganzen Körper, sie haben nicht einmal einen Mund, geschweige denn einen Magen und Eingeweide. Die Nährstoffe dringen durch die Zellmembran und gelangen in das Zytoplasma. Wie die Mikroorganismen besitzt auch der Mensch eine Membran, die Haut. Durch sie nimmt er die Elemente auf, die er braucht. Wenn aber diese Haut undurchdringlich ist, empfängt er nicht mehr viel an Kräften und Energien, an notwendiger Nahrung von Seiten des Universums.

Daher stellt sich die Frage, wie man lernt, sich umfassend zu ernähren, nicht nur beim Essen, sondern indem man durch die Haut all diese Energien und Emanationen auffängt, die aus dem Kosmos kommen. Darum sollte man die Haut in einem Zustand größter Reinheit halten, nicht nur physisch, sondern spirituell. Viele Männer und Frauen waschen sich täglich und sogar mehrmals am Tag. Sie sind sauber, sicher, aber sie sind nicht rein. Reinheit ist etwas anderes... Aber ich werde heute nicht auf dieses Thema zurückkommen. Die Haut ist von einer Vielzahl kleiner Löcher, den Poren, durchsiebt, die wie die kleinen Münder sind, die man Blattporen nennt und die sich auf der Unterseite der Blätter befinden. Denn ein Baum z.B. ernährt sich nicht allein über die Wurzeln, sondern auch über die Blätter. Wenn die Haut all die ätherischen Elemente des Kosmos hindurchdringen lässt, ernährt sich der Mensch vollständig.

Wenn ihr die verschiedenen Formen der Ernährung im Universum untersucht, werden sich außergewöhnliche Horizonte vor euch auftun. Dieses Thema hat mich schon immer fasziniert, denn ich habe verstanden, dass auf die eine oder andere Art jeder essen muss, niemand macht eine Ausnahme. Selbst der Herr ernährt sich, auch Er isst.

Ich fordere euch daher auf, diesem so wichtigen Vorgang, der zunächst das physische Leben betrifft, aber auch das psychische, spirituelle Leben, mehr und mehr Beachtung zu schenken. Nehmt euch ein wenig mehr Zeit dafür, zu beobachten und zu analysieren, welche Nahrung die beste für euch ist, die euch nicht nur physische, sondern psychische Kräfte gibt, welche Nahrung euch nicht bekommt, und bemüht euch, die eine zu nehmen und die andere wegzulassen.

Bonfin, den 30. Juli 1965

II

Nach einer guten Mahlzeit findet ihr das Leben schön, wenn ihr hingegen nichts zu beißen habt, findet ihr, es habe überhaupt keinen Sinn mehr. Das ist richtig, denn die Ernährung ist die Grundlage des Lebens. Das Leben besteht nur aus Austauschen, und diese Austausche heißen Ernährung, Atmung oder Liebe, und wenn es keine Austausche gibt, bedeutet das den Tod.

Die Natur hat diese beiden Pole männlich und weiblich, das heißt Männer und Frauen erschaffen, damit sie sich einander nähern und Austausche durch Worte, Gedanken und Blicke miteinander haben können. Diese Austausche sind genauso unverzichtbar wie die Ernährung oder die Atmung, aber im psychischen Bereich. Wenn man wüsste, wie man diese Austausche vollziehen soll, würde man das wahre Leben leben; aber man weiß es nicht und vergiftet sich; und wenn man damit aufhört, ist man psychisch und spirituell tot. Man muss Austausche haben, aber genauso wie man sie mit der Sonne hat. Die Sonne ist weit weg, dort oben am Himmel und die Austausche mit ihr vollziehen sich auf feinstofflicher Ebene mit ihrer Wärme und ihrem Licht. Wenn ihr die Sonne umarmen wolltet (angenommen das sei möglich), würdet ihr verbrennen; ihr dürft sie also nur mit dem Blick, in Gedanken umarmen. Um Männer oder Frauen zu lieben, müsste man sich genauso damit zufrieden geben, sie aus der Ferne zu umarmen, denn dann würde man ein lichtvolles, feinstoffliches Leben führen. Die anderen Arten des Liebens rufen Komplikationen hervor und bringen die Menschen in Situationen, aus denen sie dann nicht mehr herausfinden. Man darf der Liebe nicht entsagen, denn das bedeutete Tod; man sollte sie nur verfeinern.

Austausche bilden die Grundlage des Lebens: Austausch mit der Nahrung, dem Wasser, der Luft, den Menschen, aber auch mit allen Geschöpfen des Universums, mit den Engeln, mit Gott. Austausch haben heißt nicht nur sich ernähren, essen und trinken; oder doch, ja, das ist essen und trinken – aber in allen Bereichen, nicht nur auf der physischen Ebene. Wenn ich also sage, Ernährung müsse an erster Stelle stehen, spreche ich von Ernährung auf allen Ebenen, von Austauschen, die wir mit den verschiedenen Bereichen des Universums vollziehen müssen, um alles in uns zu ernähren, angefangen bei unserem physischen Körper, bis hin zu unseren feinstofflichsten Körpern. Deshalb müssen wir uns physisch und psychisch reinigen, um die Verbindungen wieder herzustellen, damit die Ströme und Energien zwischen dem Universum und uns kreisen können.

Ich wiederhole: Die Ernährung muss auf allen Ebenen verstanden werden. Gebet und Ekstasen sind auch eine Ernährung, die beste, die erhabenste, denn ihr kostet dabei himmlische Nahrung, Ambrosia. Alle Religionen sprechen von einem Getränk der Unsterblichkeit, das die Alchimisten das Elixier des ewigen Lebens genannt haben. Und es ist richtig, dass man dieses Elixier sogar auf der physischen Ebene finden kann, aber in deren höchsten und reinsten Bereichen. Wir gehen genau deshalb zum Sonnenaufgang, um die Ambrosia zu trinken, die die Sonne überallhin verteilt und von der Felsen, Pflanzen, Tiere, Menschen und die ganze Schöpfung Teilchen einsammeln. Übrigens sind die Pflanzen intelligenter als die Menschen: Jeden Tag verbinden sie sich mit der Sonne, um Früchte geben zu können. Die Menschen hingegen schlafen bis zum Mittag oder aber sie gehen den Sonnenuntergang betrachten. Anstatt zu betrachten was aufgeht, was wächst und sich entfaltet, ziehen sie es vor, zu betrachten was absteigt, was vergeht, erlischt. Und da es ein Gesetz gibt, demzufolge man schließlich dem gleicht, was man betrachtet, was man liebt, nun, so beginnen auch sie, innerlich schlafen zu gehen. Und im Herbst, wenn die Blätter fallen, gehen sie in den Wäldern spazieren und kommen melancholisch und müde zurück, weil sie all ihre Traurigkeit und ihre Enttäuschungen aufgerührt haben: Wie sie von ihrem Liebsten weggegangen sind, wie sie verlassen worden sind... Der Herbst ist ganz und gar dafür angezeigt, solche Arten von Erinnerungen herbeizuführen. Und dann schreibt man Gedichte über enttäuschte Liebesbeziehungen.

Auf der physischen Ebene wissen alle, wie sie essen sollen; aber auf den anderen Ebenen nehmen sie ständig dichte, grobe Nahrung zu sich, die Abfälle produziert und sie vergiftet. Man sollte sich von Licht ernähren, denn allein das Licht ist vollkommen rein. Alles andere hinterlässt Abfälle, derer man sich entledigen muss. Wenn ihr Kohle in einem Ofen verbrennt, müsst ihr hinterher Schlacken und Asche entfernen, sonst könnt ihr den Ofen nicht wieder anzünden. Das Gleiche geschieht auch im Organismus: Nahrung und Getränke produzieren Abfälle, und wenn ihr sie nicht ausscheidet, sterbt ihr. Die meisten Krankheiten werden von Fremdstoffen verursacht, die man nicht ausscheiden konnte. Gesundheit ist hingegen das Resultat eines so schnellen und feinstofflichen Austausches, dass der Organismus von allen Unreinheiten befreit wird. Ich weiß nicht, wie die Medizin die Gesundheit definiert, und ich will es gar nicht wissen. Ich selbst werde durch die kosmische Intelligenz unterrichtet, die mir die Dinge so zeigt wie sie sind. Auf der Erde ist die höchste Manifestation dieser Intelligenz die Sonne, und man sollte deshalb bei ihr lernen.

Der Sinn des Lebens liegt in der Ernährung verborgen, darum solltet ihr dafür sorgen, auf allen Ebenen nur reine, lichtvolle Teilchen, himmlische, ewige Quintessenzen in euch aufzunehmen. Und diese Teilchen findet ihr in der Sonne. Konzentriert euch jeden Morgen auf die Sonne und trachtet danach, die Quintessenzen, die sie verbreitet, einzuatmen und in euch aufzunehmen. Ihr werdet sehen, wie sich eure Gesundheit verbessert, euer Herz sich erfreut, eure Intelligenz strahlender und euer Wille stärker wird. Ihr erwidert, dass ihr seit Jahren zum Sonnenaufgang geht und dass ihr noch nichts gespürt habt. Nun, dann wisst ihr nicht, wie man sie betrachten soll. Es ist die Art und Weise, wie ihr die Dinge tut, die Intensität eurer Liebe und eures Denkens, die Ergebnisse bewirkt und nicht die Zeit, die ihr dafür aufwendet. Wenn ihr euch heute besonders belebt und erfüllt fühlt, dann ganz einfach, weil ihr einige Schlucke aus dieser unerschöpflichen Quelle, der Sonne, genommen habt. Ist das so schwer zu verstehen? Man liefert euch ständig Beweise, aber es nützt nichts. Darum bin ich oft traurig: Weil man diese Wahrheit, die die Welt erleuchtet, die so offensichtlich ist, nicht sehen will.

Alle suchen außerhalb des Lebens, der Sonne, der Gottheit, der Reinheit und der Liebe... Diese Halsstarrigkeit ist wirklich erstaunlich! Wie soll man den Menschen helfen? Sie haben keine Kriterien, sie sehen keinen Bezug zwischen der Art und Weise wie sie sich ernähren und dem Zustand, in dem sie sich befinden. Es ist wie bei der Schwangerschaft: Sie sehen keine Beziehung zwischen den Gedanken und den Gefühlen der Mutter und dem Kind, das kommen soll, überhaupt keine. Und wer formt dieses Kind? Ist das die Mutter oder irgendjemand anderes? Ihr seht, wie unwissend man ist!

Bemüht ihr euch wenigstens, mich zu verstehen und euer Leben wird sich vollkommen verändern.

Sèvres, den 2. April 1970

III

Lesung des Tagesgedankens:

»Man kann das ewige Leben nur gewinnen, wenn man weiß, wie man essen soll, denn Gott hat das ewige Leben in die Nahrung gelegt.«

Dieser Gedanke wird viele von euch erstaunen, denn für gewöhnlich hört man nirgends, dass man richtig essen können muss, um das ewige Leben zu erlangen. Aber man muss weiter gehen und versuchen zu verstehen, was die Nahrung vom Standpunkt der Einweihung aus gesehen ist, im göttlichen Bereich, denn es gibt solche Nahrung und solche Nahrung... Gott hat das ewige Leben in die Nahrung gelegt, aber nicht in jede beliebige Nahrung. In Liebe, in Licht, in Weisheit, in Güte – in diese Nahrung sind Teilchen der Ewigkeit hinein gelegt. Das ewige Leben befindet sich nicht in der physischen Nahrung, obgleich sie Elemente enthält, die uns helfen können, die andere, die himmlische Nahrung zu begreifen. Wenn man vom Elixier des ewigen Lebens spricht, dann ist wohl dieses Elixier eine Nahrung. Aber welche Nahrung? Wenn ich sage, dass man das ewige Leben nur gewinnt, wenn man weiß, wie man essen soll, dann muss man verstehen, dass Seele, Geist und Herz sterben werden, wenn man ihnen keine Nahrung gibt. Geist, Seele und Herz müssen Ideen, Gedanken und Gefühle essen. Wenn man diese daher mit den besten Gedanken und den besten Gefühlen nährt und wenn man ebenso den physischen Körper mit den reinsten Nahrungsmitteln versorgt, dann gewinnt man das ewige Leben.

Ja, meine lieben Brüder und Schwestern, um das ewige Leben zu haben, muss man auf allen Ebenen essen. Das ist der Sinn des Gedankens, den ich euch vorgelesen habe. Zu wissen wie man essen soll, das ist eine außerordentliche Kunst, und nicht nur zu wissen, wie man auf der physischen Ebene isst. Übrigens wissen die Leute selbst da nicht richtig zu essen, geschweige denn auf den anderen Ebenen.

Wie oft habe ich euch gesagt, dass die Menschen in Wirklichkeit wie die Katzen sind. Die Katze verschlingt die Mäuse mit Haut und Eingeweiden, und die Menschen machen es genauso. Auf der Ebene der Gedanken und der Gefühle schlucken sie die Mäuse mit Haut und Eingeweiden, weil sie nicht wissen was sie essen. Man muss auf allen Ebenen essen lernen, weil man auf allen Ebenen Nahrung finden kann. In der Luft zum Beispiel ist es das Prana... Was ist dieses Prana? Die Inder sagen, es sei überall in der Atmosphäre verteilt und lehren, wie man es mit Atemübungen aufnehmen kann. Das Prana ist eine Nahrung, die Vitalität und Gesundheit steigert, die den Verstand schärft und das Gleichgewicht stabilisiert. Natürlich ist das ewige Leben nicht im Prana; das ewige Leben muss man weiter oben suchen, viel weiter oben und das ist eine ganze Wissenschaft.

Die Atmung ist nichts anderes als eine zweite Art der Ernährung. In Wirklichkeit ernährt man sich mehr durch atmen als durch essen, denn würde man nicht atmen, würde man sterben, selbst wenn man isst. Durch die Atmung nehmen wir viel mehr Energien auf als während der Mahlzeiten. Und die Gefühle und Gedanken sind wieder eine andere Art von Nahrung. Also, essen können bedeutet, vollkommen zu sein wie Gott.

Sicher, man muss sich auf der physischen Ebene ernähren, man muss dem Magen etwas geben, aber man darf dabei nicht stehen bleiben, man muss auch seine Seele und seinen Geist ernähren, durch Meditation, Kontemplation, Ekstase, und das bedeutet himmlische Nahrung, das ist die Ambrosia, der Trank der Unsterblichkeit. Die Menschen fühlen sich deshalb so schlecht, weil sie sich nicht ernähren. Seht einmal, selbst die physische Nahrung gibt den Menschen ein Wohlgefühl und die besten Empfindungen. Ladet jemanden zum Essen ein und er wird sehr liebenswürdig sein, er wird euch alles geben, was ihr wollt. Aber bittet jemanden um einen Gefallen, der nichts im Magen hat, und ihr werdet sehen, was ihr bekommt: Er wird euch anschnauzen! Wenn also die physische Nahrung die Menschen in eine bessere Verfassung bringt, um wie viel mehr dann die spirituelle Nahrung! Diejenigen, die wissen, wie sie sich durch Meditation und Kontemplation ernähren können, sind eher bereit, zu lieben. Wie oft habe ich dies nachgeprüft! Und wenn man mich daran hindert, meine Mahlzeit – meine Meditation – einzunehmen, ist das schrecklich! Wenn man mich meiner himmlischen Nahrung beraubt, werde ich unerträglich, weil ich mich ausgehungert fühle. Nun, warum geht es den anderen nicht so? Sie sind sich dessen vielleicht nicht bewusst, aber ihr Zustand rührt daher, dass sie es nicht verstanden haben, sich mit einer himmlischen Nahrung zu ernähren. Daher empfehle ich euch, niemals auch nur einen Tag vergehen zu lassen, ohne euch mit etwas Wunderbarem genährt zu haben. Ihr werdet daraufhin feststellen, dass ihr euch in einem viel besseren Zustand befindet. Ihr seid viel widerstandsfähiger, geduldiger, klarer...

Aber wenn ich von Entdeckungen spreche, die ihr machen werdet, möchte ich euch auch darauf hinweisen, dass ihr leben müsst, was ihr entdeckt habt und versuchen, es zu praktizieren. Es genügt nicht, bestimmte Gedanken zu lesen und sie beiseite zu lassen, indem man sagt, man habe verstanden. Nein, man hat nichts verstanden, man muss es leben, in dem Moment versteht man für die Ewigkeit, und wenn man auf die Erde zurückkehrt, in einer anderen Inkarnation, bringt man sein Wissen intakt wieder mit, weil es ein Wissen ist, das man gelebt hat. All das, was ihr gelesen und gelernt habt und was euch nicht in Fleisch und Blut übergegangen ist, werdet ihr verlieren. Ihr kommt auf die Erde zurück, ohne all dieses rein intellektuelle Wissen, das ihr in den vorangegangenen Leben angehäuft habt, und müsst von Neuem anfangen zu lernen. Denkt gut darüber nach.

Bonfin, den 8. Juli 1971

Kapitel 15

Die Nahrung ist bereits vom Schöpfer gesegnet und geweiht. Dass diese Nahrung uns das Leben gibt, ist der größte Beweis dafür, dass sie gesegnet ist. Gott ist in der Nahrung in Form von Leben... Bevor die Menschen sie segnen, ist sie also bereits vom Himmel gesegnet... Das Segnen ist eine Art Zeremonie, ein magischer Ritus, wenn ihr wollt. Worte, Gesten und Gedanken des Priesters, der die Nahrung segnet, umhüllen sie mit Emanationen und Fluida, welche sie vorbereiten, mit denjenigen in Harmonie zu kommen, die sie zu sich nehmen sollen. Auf diese Weise vollzieht sich in den feinstofflichen Körpern ein Kontakt, eine Anpassung, die ihnen ermöglicht, die in der Nahrung verborgenen Reichtümer besser aufzunehmen.

I

Die Frage des Segnens der Nahrung wurde nicht richtig verstanden, und selbst die Priester wissen nicht, warum sie den Wein und die Hostien segnen sollen. Diejenigen, die diese Praktiken in der Vergangenheit ins Leben gerufen haben, wussten genau warum sie es taten, aber heutzutage hat man die Bedeutung vergessen, man macht es automatisch. In Wirklichkeit gibt nicht die Segnung der Nahrung das Leben. Seit langem bereits hat jemand sie gesegnet. Der Herr hat sie gesegnet, durch die Vermittlung Seiner Diener, der Sonne, des Windes, der Sterne, der Erde, des Wassers... Dass sie das Leben bringt, ist der Beweis dafür, dass sie gesegnet ist, während das Segnen der Menschen ihnen kein Leben einhauchen kann. Sonst müsste man auch Kohle- oder Holzstücke segnen und sie an die Menschen als Nahrung verteilen können.

Die Segnung der Priester vermag kein Leben zu geben, ihre Funktion ist eine andere: Sie macht die Nahrung zugänglich. Die Nahrung besitzt ihr eigenes Leben; ihre Schwingungen sind nicht immer mit denen der Menschen im Einklang, die sie zu sich nehmen. Darum sollten wir sie magnetisieren, ihr einige Teilchen unseres Lebens übermitteln, um die Bewegung ihrer Teilchen zu ändern und sie freundschaftlich zu stimmen, damit sie sich öffnet und all die Reichtümer, die sie enthält, in uns ergießt. Wenn wir daher mit Liebe und Dankbarkeit essen, beginnt die Nahrung in

Einklang mit unserer Aura, mit unserem ganzen Wesen zu schwingen; sie bringt ihre Schwingungen mit unseren in Einklang und gibt uns all ihre Schätze. Wenn man sie dagegen in einem Zustand der Wut, der Auflehnung, der Nervosität oder inmitten von Diskussionen isst, wird man krank, auch wenn man die beste Nahrung zu sich nimmt. Übrigens, wenn man so unwissend und nachlässig ist, hat man es auch nicht anders verdient.

Man sollte die Nahrung ganz einfach deshalb segnen, damit sie von unserem Organismus besser aufgenommen wird. Wer nicht mit den wunderbaren Kräften wie der Liebe, der Achtsamkeit und der Dankbarkeit arbeitet, dem wird das Reich Gottes auf ewig entgehen. Glaubt ihr, das gesamte Universum wird sich vor einem Zwerg beugen, der die großen Gesetze der Natur nicht lernen und nicht in Einklang mit ihnen arbeiten will? Nein, er wird ganz einfach leiden und letztendlich verschwinden. Die kosmische Intelligenz ist unerbittlich. Man kann nicht in das Reich Gottes gelangen, ohne Anstrengungen zu unternehmen. Glaubt nicht, dass der Herr euch zu seiner Rechten setzen wird, ohne dass ihr Jahrtausende daran gearbeitet habt, Fähigkeiten und Tugenden zu erwerben, ohne dass ihr Anstrengungen gemacht und Beweise geliefert habt. Weil ihr seit einigen Monaten in dieser geistigen Schule hier seid, denkt ihr, dass der Himmel sich öffnen müsse und die Engel kommen, um euch in ihre Arme zu schließen... Nein, dafür muss man Jahrhunderte und Jahrtausende arbeiten. Der Himmel ist sehr langsam was Belohnungen angeht, aber wenn er sie verteilt, dann für die Ewigkeit. Seid ihr einmal in das Paradies hineingeschlüpft, kann man euch nicht mehr daraus vertreiben. Mögen diejenigen, die es eilig haben, die Wahrhaftigkeit meiner Worte nachprüfen, und sie werden sehen, dass sie mit allen Gesetzen des Universums im Einklang sind.

Bonfin, den 20. September 1971

II

Wenn zwei Personen einander begegnen, sind ihre Schwingungen so unterschiedlich, dass es ihnen schwer fällt, miteinander zu harmonieren, sich zu verstehen. Aber die Zeit vergeht und es findet ein Austausch zwischen ihnen statt, eine Angleichung, und sie beginnen in Einklang zu schwingen. Genau das geschieht auch mit der Nahrung; wenn ihr sie zu euch nehmt, ohne sie vorzubereiten, wird sie nicht auf die gleiche Weise wirken, wie wenn ihr ihr viel Liebe sendet. Wenn ihr daher zum Beispiel eine Frucht essen wollt, haltet sie einen Moment lang in eurer Hand, gebt ihr von eurem Magnetismus und schon ist die Frucht euch gegenüber viel wohlgesonnener. Andernfalls kennt sie euch nicht, es gibt keine Freundschaft zwischen ihr und euch. Um aus einer Frucht all ihre feinstofflichen ätherischen Teilchen hervorholen zu können, muss man sie öffnen. Und um sie zu öffnen, müsst ihr sie erwärmen, das heißt, eure Liebe in sie einführen.

Wenn ihr eine sehr kalte Frucht einen Moment lang in eurer Hand haltet, durchdringt und erwärmt eure Wärme sie. Warum sollte nun eure Liebe sie nicht auch erwärmen und umwandeln können? Solange ihr eine Frucht haltet, erhöht sich ihre Temperatur, aber sie empfängt auch in ihrer Aura die Wärme eures Herzens. Auf diese Weise passt ihr die Frucht eurer inneren Temperatur an und sie ist euch gegenüber wohlgesonnen.

Ihr habt gesehen, dass ich eine Frucht einen Moment in den Händen halte, bevor ich sie esse. Ich wandle so den Ätherkörper der Frucht um, indem ich sie bitte, sich mir zu öffnen. Man muss der Nahrung zulächeln wie einem Tier, das man zähmen will. Tiere, Pflanzen und Wesen müssen Liebe spüren, damit sie zahm werden. Mit der Nahrung ist es ebenso, und sogar mit Medikamenten. Damit ein Medikament wirklich von eurem Organismus akzeptiert wird und in ihm seine Wirkung entfaltet, müsst ihr an seiner ätherischen Materie arbeiten. Sogar ein Stein kann in eurer Hand euch gegenüber freundschaftlich schwingen oder auch nicht. Wenn ihr wisst, wie ihr ihn günstig stimmen könnt, kann er euch schützen und euch heilen.

Sèvres, den 4. April 1951

III

Lesung des Tagesgedankens:

»Die Nahrungsmittel, die wir essen, sind nicht vollständig bereit, aufgenommen, verdaut und umgewandelt und in den Organismus gesandt zu werden. Der Mensch muss sich bemühen, die Nahrung zugänglich zu machen, in ihr sozusagen einen »Freund« zu gewinnen, sonst bleibt sie immer eine fremde Materie. Ja, sogar die Nahrung ist eine fremde Materie, denn sie schwingt nicht in Einklang mit uns. Darum sollte man in Stille, mit Aufmerksamkeit, Liebe und Dankbarkeit essen. Diesen Bewusstseinszuständen gelingt es, die Nahrung auf so eine Weise umzuwandeln, dass kein fremdes Teilchen mehr in ihr übrig bleibt.«

In der Kirche gibt es bestimmte Traditionen, denen zufolge die Priester die Nahrung segnen. Wie ich euch gesagt habe, fügt diese Segnung ihr weder nährende Qualitäten noch das ewige Leben hinzu, das sie bereits hat, weil Gott ihr das alles gegeben hat. Die Segnungen dienen allein dem Zweck, die Nahrung zum »Freund« des Organismus zu machen, damit sie von ihm gut angenommen wird. Die Formeln und Gebete, die wir vor oder während der Mahlzeit sprechen, wirken nur in dem Sinne auf sie, dass sie sich in Harmonie auf unser Sein, unsere eigenen Schwingungen abstimmt.

Man findet dieses Gesetz in allen Bereichen der Existenz wieder. Ihr müsst euch zum Beispiel mit jemandem treffen, der nicht besonders darauf vorbereitet ist, mit euch in Einklang zu schwingen; vielleicht hat er sogar die Absicht, euch zu kritisieren, euch Vorwürfe zu machen. Ihr tut also euer Möglichstes, um ihn zugänglich zu machen, seine Schwingungen zu ändern, damit er euer Freund wird. Alle Menschen haben die Neigung, zu versuchen, die Geschöpfe durch einen Blick, durch Worte und Gesten für sich zu gewinnen. Und seht, was auch mit den Verliebten geschieht: Zunächst sind sie einander fremd. Das Mädchen sitzt auf ihrem Stuhl, aufrecht, sittsam, über jeden Tadel erhaben. Aber der junge Mann bietet ihr etwas zu trinken an, legt eine sentimentale Musik auf und sie wird zugänglich, sie lässt sich darauf ein, sie wird zum »Freund«. Instinktiv wissen Männer und Frauen, dass sie einander zugänglich machen müssen. Wenn ihr neue Schuhe zum ersten Mal anziehen müsst, fühlt ihr euch eingeengt, sie drücken, ihr findet sie steif und hart, doch nach und nach werden sie geschmeidiger, sie gewöhnen sich sozusagen an euch. Und wenn ihr euch in einem neuen Zimmer oder einem neuen Haus einrichtet, fühlt ihr euch am Anfang fremd. Aber nach einiger Zeit fühlt ihr euch wie zu Hause und seid glücklich, dort zu sein, weil dieser Ort mit dem Leben, das ihr führt, in Harmonie schwingt. Und was glaubt ihr, macht ein Magier? Durch Formeln und magische Zeremonien versucht er nichts anderes als die Gegenstände zugänglich zu machen.

Was die Nahrung betrifft ist es seltsam, niemand findet, dass man etwas mit ihr machen sollte. Und doch ist sie, bevor sie auf euren Tisch gelangte, an allen möglichen Orten gewesen, es wurde auf verschiedene Weise mit ihr umgegangen und sie wurde herumtransportiert. Sie ist also nicht euer Freund, sie ist euch fremd. Aber wenn ihr eine Frucht nehmt und sie voller Achtung und sanft in der Hand haltet, wird sie zu eurem Freund, sie verändert ihre Schwingung. Es ist wie bei einer Blume, die sich öffnet und euch ihren Duft gibt. Das Geheimnis, damit die Nahrung sich öffnet, liegt in ihrer Erwärmung und die Wärme, das ist die Liebe. Wenn ihr daher die eine oder andere Nahrung nicht liebt, esst nicht davon, denn sie wird zum Feind in eurem Organismus. Esst niemals von dem, was ihr nicht liebt! Man sollte Gegenstände und Wesen lieben, denn in dem Moment öffnen sie sich, sie geben euch ihren Duft. Der Duft ist eine unsichtbare Emanation, die man nicht berühren kann, die man weder wiegen noch messen kann, eine ätherische Quintessenz, die aber existiert, die Wirklichkeit ist, die euch das Herz weit machen kann.

Das ist also ein universelles Gesetz. Wenn ihr die Nahrung nicht durch eure Liebe erwärmt, bleibt sie verschlossen und wenn sie verschlossen ist, gibt sie euch nicht ihren Duft, das heißt ihre Teilchen, ihre Energien, ihre Kräfte feinstofflicher Natur, sie gibt euch nur ihren Körper, ihr Fleisch, ihren materiellsten, gröbsten Teil. Wenn ihr Früchte esst, die schon länger geerntet sind, esst ihr deren Fleisch, deren Kadaver, aber ihre Seele, ihr Leben ist nicht mehr da. Wenn es Apparate gäbe, um ihren energetischen Wert zu messen, würdet ihr sehen, dass all ihre nährenden Qualitäten verflogen sind, dass nur Materie übrig ist, die sich schwer verdauen, assimilieren und im ganzen Körper verteilen lässt. Auf diese Weise machen die Leute sich krank: Indem sie es nicht verstehen, das Leben zu wählen, das Leben zu essen. Für sie zählt die Materie der Nahrungsmittel mehr als das Leben, denn das Leben, das sehen sie nicht.

Beobachtet nur die Kinder. Sie werden von Farben und Formen angezogen, manche ein wenig von Düften, aber das ist sehr selten. Wenn ihr Kindern Früchte zur Auswahl gebt, stürzen sie sich auf die farbigsten und von allen Farben zieht sie das Rot am meisten an. Ein Kind sucht nicht in erster Linie das Leben einer Frucht und die Erwachsenen ebenso wenig. In diesem Bereich sind sie wie Kinder. Sie schauen auf Größe und Farbe... und den Preis! Sie kümmern sich nicht um das Leben, das in dieser Frucht verborgen ist. Die Eingeweihten dagegen denken nur an das Leben; nicht das Fleisch einer Frucht zählt, sondern das Leben, das sie enthält. Je frischer sie ist, je mehr sie den Strahlen der Sonne ausgesetzt war, je mehr sie unter günstigen Bedingungen gereift ist, desto stärker, intensiver ist das Leben in ihr, und von diesem Leben ernähren sie sich. Aber die meisten Menschen wissen nicht, wie man dieses Leben sucht. Der Beweis: Zur Stunde des Sonnenaufgangs ist das Leben am reichlichsten in der Atmosphäre verteilt, aber zu diesem Zeitpunkt suchen die Leute das Leben nicht, sie ziehen es vor einige Krümel davon in den Nachtclubs zu suchen. So ist es um die Intelligenz der Menschen bestellt!

Wenn ich von der Sonne spreche, handelt es sich natürlich nicht allein um das Gestirn, das am Himmel strahlt. Es ist auch die Intelligenz mit ihrem Licht, die Liebe, der Elan zu allem, was positiv und aufbauend ist, und es ist auch das Leben, das geistige Leben, das reine Leben. Die Sonne beinhaltet daher eine ganzes Wissen, und diese Wissenschaft ist das Allheilmittel. Darum genügt es nicht, sich dem Licht der physischen Sonne auszusetzen. Das Wichtige ist, die drei höheren Prinzipien zu verstehen. Das sind die Wärme, das Licht und das Leben. Das Allheilmittel, das die Weisen suchen, ist ein unermessliches Wissen, das darin besteht, allein das zu verstehen und zu lieben, was göttlich ist und niemals Unreinheiten in sich einzulassen. Denn in Wirklichkeit isst der Mensch nicht nur auf der physischen Ebene, sondern auch auf der Astral- und Mentalebene. Darum umfassen unsere Ernährungsregeln alle drei Ebenen: sich von reinen Nahrungsmitteln ernähren, aber auch von reinen Gedanken und reinen Gefühlen. Die Regeln der Ernährung betreffen den Menschen in seiner Gesamtheit.

Bonfin, den 8. September 1975

IV

Auch heute möchte ich über die Ernährung sprechen. Manch einer wird erwidern, er hätte genug davon, immer über dasselbe Thema zu hören. Aber ich werde ihnen entgegnen, dass sie deswegen keine Fortschritte machen und sich entwickeln, weil sie bestimmte Wahrheiten nicht wiederholen, die man zwanzig-, dreißigmal am Tag wiederholen sollte. Wenn ihr euch zu Handlungen verleiten lasst, die nicht besonders gerecht oder edel sind, solltet ihr euch in dem Moment sagen, dass es daher kommt, weil ihr die Wahrheiten und die Gesetze vergessen habt, mit deren Hilfe ihr eure Schwächen hättet besiegen können. Man sollte den Nutzen der Wiederholung erkennen. Übrigens gibt es so viele Dinge, die zu wiederholen ihr ganz normal findet! Jeden Tag seid ihr damit einverstanden, mehrmals zu essen, ihr seid immer damit einverstanden, schlafen zu gehen, zu atmen oder Dummheiten anzustellen... immer die gleichen! Wenn ihr aber jemanden Wahrheiten wiederholen hört, die in der Lage sind, euch umzuwandeln, beklagt ihr euch. Ist das intelligent?

Bevor wir essen, müssen wir eine ganze Menge mit der Nahrung machen. Wir müssen sie freundlich stimmen, damit sie uns nicht schadet, indem sie zu viele Abfälle in unserem Organismus hinterlässt. Darum soll man mit Liebe essen lernen; die Schwingungen der Liebe sind äußerst machtvoll und können selbst Steine umwandeln. Wenn ihr einen Stein in der Hand haltet und eure Liebe auf ihn übertragt, beginnt er anders zu schwingen. Auf diese Weise wird in der Einweihungswissenschaft die Macht von Talismanen erklärt. Ein Magier bemüht sich, einen Gegenstand, der ihm fremd ist, der nicht im Einklang mit ihm schwingt und ihm daher nichts Gutes bringen kann, für sich zu gewinnen. Er ändert die Schwingungen des Gegenstandes, indem er ihn mit bestimmten fluidalen Schichten umgibt, indem er ihm viel Liebe und Licht sendet. So wirkt dann dieser Gegenstand günstig auf seine Gesundheit, seine Intelligenz, seine Sensibilität.

Versucht nun, diese Übung zu machen: Bevor ihr eine Frucht esst, nehmt sie in die Hand, sprecht freundlich zu ihr, wenigstens in Gedanken; und so wandelt sich etwas in der Frucht um, sie wird euer Freund, und wenn ihr sie esst, wird sie für euch arbeiten. Aber die Menschen sind so weit davon entfernt, diese Gesetze zu verstehen – und zwar in allen Bereichen. Oft stürzt sich der Mann auf die Frau, um sie zu umarmen oder mit ihr zu schlafen, selbst wenn sie nicht einwilligt und nicht in Harmonie mit ihm schwingt. Wie dumm ist das!

Meine lieben Brüder und Schwestern, bemüht euch darum, Kräfte wachzurufen, die in euch durch Jahrhunderte der Untätigkeit und Stagnation eingeschlafen sind. Mit dieser Untätigkeit werdet ihr nirgendwohin gelangen, werdet ihr nichts bewegen, werdet ihr keine einzige Pforte in euch öffnen und keine einzige Kraft auslösen. Ihr müsst die Untätigkeit durch den Willen besiegen. Konzentriert euch, meditiert, betet, macht Übungen. Ihr habt hier die besten Bedingungen, um die Untätigkeit eures Intellekts und eures Herzens zu überwinden, die manchmal seit vielen Jahren blockiert sind. Habt immer den Wunsch, eurer Existenz etwas mehr, etwas Reineres, Feinstofflicheres hinzuzufügen. Man sollte unbelebten Gegenständen außerordentliche Schwingungen übertragen, die jahrelang segensreich wirken werden.

Die ganze Magie, die weiße wie die schwarze, ist auf dem Wissen von Schwingungen und deren verschiedenen Eigenschaften begründet. In der schwarzen Magie lernt man, einen Gegenstand oder ein Wesen mit chaotischen, auflösenden, schädlichen Schwingungen zu imprägnieren, worauf Unfälle und Krankheiten die Folge sind. In der weißen Magie dagegen überträgt man einem Wesen harmonische, lichtvolle Schwingungen, und es wird gesund oder findet sein Gleichgewicht und seine Freude wieder. Derjenige, der lernt, überall nur segensreiche Einflüsse einzubringen wird zum Magier, während er vorher, ohne es zu wissen, ein Hexer war. Ja, wenn man, selbst unbewusst und aus Unwissenheit, schlechte Schwingungen aussendet, die Unordnung säen, Dissonanz und Streit hervorrufen, die Menschen trennen und zerstören, ist man ein Hexer. Neun Zehntel der Menschen sind Hexer, ohne es zu wissen. Wenn man ihnen gegenüber von Hexerei spricht, sind sie gleich entsetzt und entrüstet oder sie weigern sich sogar zu glauben, dass so etwas existieren kann, aber sie wissen nicht, dass sie selbst in der Hexerei herumwühlen.

Ein Magier ist ein Mensch, der zunächst einmal Harmonie in seinem eigenen Inneren herstellt, wo alle seine Zellen in Einklang schwingen. Seine harmonischen Schwingungen begleiten ihn überall, wohin er auch geht; er überträgt auf alles, was er berührt, eine fluidale Schicht, die die gleichen Schwingungen hat wie er selbst, und diese Schwingungen, stellen überall Ordnung und Harmonie wieder her. Wenn der Schüler sich also wünscht, immer Gutes zu tun, überall Harmonie wiederherzustellen, die Menschen zu beraten, zu trösten, zu beruhigen, zu heilen, aufzuklären und zu beleben, bereitet er sich vor, ein Magier, ein Sohn Gottes zu werden. Leider bringt man den Menschen nichts dergleichen bei. Ohne sich dessen bewusst zu sein, sind sie ständig dabei, alles kaputt zu machen, zu zerstören, sich schlecht und boshaft zu verhalten. Ein weißer Magier zu sein bedeutet auch, dass man es versteht, mit Liebe und Dankbarkeit zu essen. Ihr wisst noch nicht, wie weit diese Angelegenheit geht. Ich sage euch sogar, dass, wenn ihr zu essen wisst, ihr auch zu lieben wisst. Dieselben Vorgänge, dieselben Gesetze existieren im Bereich der Liebe wie auch im Bereich der Ernährung.* Man spürt denselben Hunger, denselben Durst, man nimmt ständig üppige Mahlzeiten ein, und was man da alles verschlingt!

Es lohnt sich, alles beiseite zu lassen, selbst dringende Angelegenheiten, um sich mit dieser Frage zu beschäftigen und in Frieden, mit Liebe zu essen, denn man befindet sich danach in einem Zustand großer Klarheit und intensiven Lebens. Anstatt Stunden damit zu verlieren, Lösungen zu finden oder Angelegenheiten zu arrangieren, wird man sie in einigen Minuten erledigen. Weil sie angeblich mit Arbeit überlastet sind, essen die meisten Leute in aller Eile und irgendwie. Es ist idiotisch, anzunehmen, dass alles glatt laufen wird, indem man einige Minuten beim Essen gewinnt. Im Gegenteil, denn man ist danach schläfrig oder aber es unterlaufen einem Ungeschicklichkeiten, für deren Wiedergutmachung man hinterher Tage braucht. Glaubt mir, meine lieben Brüder und Schwestern, die Frage der Ernährung ist von höchster Bedeutung.

Bonfin, den 8. September 1975

* Siehe Kapitel »Lernt richtig zu essen, um lieben zu lernen« in Band 14/15 der Reihe Gesamtwerke.

Kapitel 16

Wenn ihr wisst, wie man in Stille und Sammlung isst, stellt ihr eine Atmosphäre von Frieden und Licht her, in der alle göttlichen Verwirklichungen möglich sind... In Wirklichkeit muss die Ernährung als eine Arbeit des Geistes an der Materie verstanden werden.

I

Während der Mahlzeiten sollte es euch gelingen, euer Denken zu befreien, damit eure Aufmerksamkeit sich ganz auf die Nahrung richten und sie mit Strahlen der Liebe durchdringen kann. In diesem Moment vollzieht sich eine Trennung zwischen Materie und Energie: Die Materie löst sich auf, die Energie hingegen tritt in euch ein und ihr könnt über sie verfügen.

Sicher, auf welche Weise man auch isst, der Organismus holt immer etwas heraus, aber nur die materiellsten Teilchen. Es gibt überhaupt keinen Vergleich mit den phantastischen Kräften, von denen diejenigen profitieren können, die wahrhaft zu essen wissen. Das sind Möglichkeiten, die die Menschheit noch nicht entdeckt hat, ja noch nicht einmal ahnt. In der Universellen Weißen Bruderschaft lernen wir essen, atmen, lieben... Ja, all das, was man uns niemals richtig beigebracht hat, alle diese Handlungen, die man in Unbewusstheit und Unordnung ausführt, und die uns nicht die großen Vorteile bringen, die sie uns bringen müssten, lernt man hier bewusst zu tun.

Man sollte daher in Stille essen, weil die Stille es ermöglicht, Konzentration und inneren Frieden zu verwirklichen. Wenn man isst, darf man an nichts anderes mehr denken. Wenigstens für eine halbe Stunde lässt man alles beiseite und konzentriert sich auf die Nahrung, man projiziert die Strahlen der Liebe auf sie und sie setzt ihre Energien frei. Das sind die gleichen Prozesse wie in einem Atomkraftwerk. Wenn man wahrhaft zu essen wüsste, könnten schon wenige Bissen genügen... man würde genügend Energie herausholen, um das ganze Universum zu bewegen.

Und dieser Vorgang der Kernspaltung vollzieht sich übrigens nicht nur im Magen, sondern auch in den Lungen und im Gehirn. Ihr fragt: »Im Gehirn?« Ja. Aber das sind Tatsachen, von denen ihr nichts wisst. Ein Eingeweihter sendet in seinen Meditationen und seinen Ekstasen ohne Unterlass Wellen, Strömungen, Flammen durch den Äther. Woher nimmt er diese Energie? Aus seinem Gehirn. Und dabei bleibt dessen Masse, wenn man es wiegt, unverändert. Im Gehirn lösen sich einige Materieteilchen auf und diese Auflösung bringt die psychische Energie hervor, die dann in der ganzen Welt wirkt.

Die zeitgenössische Wissenschaft hat die Spaltung des Atoms entdeckt, aber diese Tatsachen kennen die Eingeweihten schon seit Jahrtausenden. Man liest in ihren Büchern, dass die Materie ein Gefäß für den Geist ist, dass Geist und Materie miteinander vereinigt sind. Sie wussten, dass diese Energie, das heißt der Geist, die Materie zum Zerfall bringt, wenn sie damit bombardiert wird; dabei entstehen Phänomene von außerordentlicher Stärke. Diese Entdeckungen hat die offizielle Wissenschaft erst kürzlich gemacht und auch noch dazu, um sie für zerstörerische Waffen zu nutzen. Die Eingeweihten haben dies schon vor langer Zeit entdeckt, aber sie haben es nicht offenbart, weil sie die Gefahren vorhersahen. Sie wussten, dass der Mensch, solange er nicht Herr über seine Instinkte ist, seine Entdeckungen dazu nutzen würde, alles auszulöschen, und genau das geschieht heutzutage.

Aber kommen wir auf die Ernährung zurück. Wenn die Menschen eines Tages richtig essen lernen, werden sie feststellen, dass sie selbst dann mehr Energie aus der Nahrung herausholen und mehr arbeiten können, ohne zu ermüden, wenn sie sehr wenig essen. Wenn die Menschen in der Zukunft die großen Mysterien der Natur entdecken, werden sie wissen, wie sie dem Ozean, der Luft, den Mineralien, den Bäumen, etc. Energien entnehmen können und werden zu grandiosen Verwirklichungen fähig sein.

Für den Augenblick begreift wenigstens, dass ihr euch auf die Nahrung mit viel Liebe konzentrieren müsst, als ob von dieser Nahrung eure ganze Gesundheit, eure ganze Zukunft, euer ganzes Glück abhängen würde, als ob alle Reichtümer in jedem Nahrungsmittel verborgen wären. Indem ihr so denkt, bereitet ihr euren Organismus vor, seine Arbeit viel besser auszuführen, und ihr speichert unbekannte Kräfte und Elemente, die alle physischen und sogar intellektuellen Vorgänge enorm erleichtern. Auf diese Weise wird es euch gelingen, euch bis zur Vollkommenheit zu entwickeln.

All diese so schwergewichtige Nahrung (man nimmt jeden Tag mehrere Kilo zu sich) wandelt sich in uns in Energie um und ergibt danach vergleichsweise nur wenig Abfall. Sie ist zu Gedanken, Gefühlen und Aktivität geworden. Die Spezialisten haben sich nicht vom Einweihungsstandpunkt aus mit dem Thema Ernährung befasst, um dessen verborgenen, feinstofflichen, göttlichen Aspekt darzustellen. Aber wenn die Menschen sich jetzt entschließen würden, alles, was im Universum geschieht, vom Standpunkt des Geistes aus zu betrachten, würden sie Wunder entdecken, die sie vorher niemals ahnen konnten.

Natürlich wird man nicht vollkommen, nur indem man weiß, wie man richtig isst. Man muss auch richtig atmen können und dann richtig denken, denn es handelt sich um dieselben Gesetze auf verschiedenen Ebenen. Auf allen Ebenen bedürfen wir der Nahrung und darum ist es sehr wichtig, auf den drei Ebenen richtig essen zu können.

Bonfin, den 12. Juli 1970

II

Während der Mahlzeiten sollten wir eine Arbeit ausführen, damit der Geist gegenwärtig ist, damit er sich in der Nahrung niederlässt und unsere Materie durchdringt. Die Nahrung ist noch nicht der Geist; sie enthält feinstoffliche Elemente, das ist klar, ätherische Materialien, das Leben; aber der Geist, das ist etwas anderes. Man muss daher beten, damit der Geist an dieser Nahrungsaufnahme teilnimmt, denn dank des Denkens läuft alles auf bessere Weise ab: Der Geist durchdringt alle Teilchen der Nahrung, alle Zellen des Körpers, und in dem Moment wird die Nahrung ein außerordentlich segensreicher Faktor für unseren Organismus.

Wenn die Materie den Geist bereits besäße, wäre es nicht notwendig, zu sagen, dass der Geist auf die Materie treffen muss, er wäre ja bereits in ihr enthalten. In Wirklichkeit ist sogar die in der Materie eingeschlossene Kraft, die die Physiker als Atomenergie freisetzen konnten, noch nicht der Geist. So trägt unser Körper das Zeichen unseres Geistes, aber sie sind nicht verschmolzen, obgleich sie zusammen sind, bleiben sie getrennt.

Wenn ihr euch auf die Nahrung konzentriert, kann es sein, dass es nur der Intellekt ist, der sich konzentriert und noch nicht euer Geist. Wenn es aber euer Geist ist, der an dem Ernährungsvorgang teilnimmt, fügt er ein so neues Element hinzu, dass sich alles in euch verwandelt. Wenn man zum Beispiel einen Kranken durch Gedanken heilen will, muss dieser Gedanke den Körper oder das Organ durchdringen, von wo er die unreinen Elemente vertreiben und durch Elemente von großer Reinheit ersetzen wird. Nehmen wir also an, ihr würdet versuchen dies zu tun: Es wird nur Resultate geben, wenn es euer Geist ist, der in den kranken Körper eindringt; wenn es der Intellekt oder das Gefühl ist, die Liebe zum Beispiel, kann die Heilung sich einstellen, aber viel langsamer. Der Geist hingegen heilt unmittelbar. Jesus heilte die Kranken durch die Kraft des Geistes. Nicht alles gehorcht dem Denken oder dem Gefühl, aber alles gehorcht dem Geist, weil er allmächtig ist.

Während der Mahlzeiten sollte also der Geist am Ernährungsvorgang teilnehmen, denn wenn Geist und Materie eines Tages zusammentreffen, ist das der Triumph der Schöpfung!

Bonfin, den 19. Juli 1971

III

Der Mensch hat die Aufgabe, an der Materie zu arbeiten, um sie umzuwandeln. Und genau dann, wenn er isst, vollbringt er eine große Umwandlungsarbeit an der Nahrung. Man kennt noch nicht den Sinn der Ernährung. Der Mensch isst, alle Geschöpfe essen, aber warum? Wenn ihr jemandem diese Frage stellt, wird er euch antworten, man esse, um Kraft zu haben... Ja, aber gibt es nicht noch einen anderen Grund? Alles was wir tun, hat nicht nur einen einzigen Grund, ein einziges Ziel. Auch wenn wir essen, geschieht das nicht nur, damit wir uns am Leben erhalten.

Nehmen wir die Würmer als Beispiel: Sie schlucken die Erde und scheiden sie wieder aus. Und während sie diese so durch sich hindurch lassen, bearbeiten sie sie, damit sie fruchtbarer wird. Mit der Nahrung macht es der Mensch genauso. Dadurch, dass er ein mit Leben, Gefühlen und Gedanken ausgestattetes Wesen ist, gehört er einer sehr viel höheren Entwicklungsstufe an als die Materie, die er aufnimmt. Indem die Materie also durch ihn hindurch geht, wird sie umgewandelt, belebt, verfeinert und vergeistigt. Alle Wesen ernähren sich: Pflanzen, Tiere, Menschen. Und während sie sich ernähren, tragen sie zur Entwicklung der Materie bei, der sie Elemente hinzufügen, die sie noch nicht besaß. Als ob es eine Pflicht wäre für jedes Naturreich, sich von den unter ihm stehenden Reichen zu ernähren, um deren Evolution voran zu bringen. Über uns befassen sich auch höhere Wesen damit, uns zu verdauen, damit wir umgewandelt werden. Ja, in einer anderen Form geschieht genau das Gleiche. Das ganze Leben ist ein ununterbrochener Austausch zwischen der anorganischen und der organischen Welt, zwischen der materiellen und der spirituellen Welt.

Man findet diesen Austausch überall in der Welt wieder. Warum wollen die intelligenten Leute sich um die Unwissenden kümmern, um sie zu unterrichten? Warum kümmern sich diejenigen, die gut, großzügig und tugendhaft sind, um Straffällige und Kriminelle? Und die Starken helfen den Schwachen... die Reichen helfen den Armen... Damit es eine Entwicklung gibt, ist es notwendig, dass ein Austausch zwischen den beiden entgegengesetzten Polen stattfindet. Und aus demselben Grund isst man auch. Die kosmische Intelligenz hätte zweifellos andere Methoden finden können, aber sie hat diese ausgewählt. Sie hat entschieden, dass jedes Geschöpf die Materie des Reiches zu sich nehmen muss, das sich unter ihm befindet, damit es sich weiterentwickelt. Ich habe euch das Beispiel mit den Würmern gegeben: Wenn sie die aufgenommene Erde wieder von sich geben, ist sie bereits bearbeiteter, sie ist von einem Element mehr durchdrungen, das ihr die Würmer übermittelt haben. Und wenn die Würmer die Aufgabe bekommen haben, die ganze Erde durch sich hindurch passieren zu lassen, um sie zu verbessern, warum dann nicht auch die Menschen? Ihr seht also, die Menschen und die Würmer arbeiten zusammen! Sie haben dieselbe Aufgabe, obwohl sie es nicht wissen. Sie haben oben einen Vertrag unterzeichnet, bevor sie herabgekommen sind. Die Würmer in einer Form und die Menschen in einer anderen, indem sie sich verpflichten an der Materie zu arbeiten, um sie zu beleben.

Wenn übrigens die Materie, die der Mensch besitzt, wenn die Teilchen seines Körpers nach dem Tod vergehen und in die vier Elemente Erde, Wasser, Luft und Feuer zurückkehren, sind sie in dem Moment nicht mehr dieselben. Sie sind intelligenter, lebendiger, ausdrucksvoller und werden für andere Formen, andere Schöpfungen von höherer Qualität dienen. Wenn aber diese Teilchen erniedrigt werden, auf Grund des tierischen oder frevelhaften Lebens, das der Mensch geführt hat, werden sie nur für grobe Geschöpfe verwendet. Seht also, wie weit die Verantwortung des Menschen reicht. Er ist sogar für das verantwortlich, was er beim Hinübergehen von sich hinterlässt, für alle Teilchen seines Körpers, die er mit Licht, Liebe, Güte, Reinheit durchdrungen hat oder aber im Gegenteil mit frevelhaften Schwingungen. Er bleibt verantwortlich. Sogar nach seinem Tod. Auf der Erde ist das offensichtlich anders. Selbst wenn er Verbrechen begangen oder Schulden hinterlassen hat, sobald er stirbt, kann man ihn nicht mehr verfolgen, denn wo soll man ihn finden, um ihn zu bestrafen? Auf der Erde bringt der Tod vieles in Ordnung, auf der anderen Seite jedoch bringt der Tod gar nichts in Ordnung und man wird weiterhin verfolgt für all das, was man an Schlechtem hinterlassen hat, für Gedanken, Gefühle und Taten... Man wird als verantwortlich betrachtet. Das sind Wahrheiten, die die Menschen nicht kennen; sie wissen nicht, wie weit ihre Verantwortung reicht, und dass das Bewusstsein der Verantwortung das höchste Bewusstsein ist, das es gibt.

Beim Essen haben wir also die Aufgabe, die Materie zu beleben, sie zu verfeinern, zu sublimieren. Das Gleiche gilt übrigens für all die Menschen, denen wir begegnen. Sie stellen für uns eine Materie dar, die wir aufnehmen und verdauen müssen, um sie zu beleben und zu verbessern. Darum sollte man die Menschen nicht nur ertragen und sie akzeptieren, sondern ihnen auch etwas Gutes mitgeben. Ja, wir haben die Aufgabe, an den Menschen zu arbeiten, wie an einer Materie, die wir verbessern sollen.

Wenn wir noch weiter gehen, können wir sagen, dass dieselbe Arbeit auch mit der Sexualkraft geschehen muss. Die Sexualkraft ist eine rohe, grobe Materie, der wir spirituelle Elemente vermitteln müssen, damit sie segensreiche Einflüsse ausüben kann, sobald sie sich auf physischer oder ätherischer Ebene manifestiert. Der Schüler muss begreifen, dass er die grandiose Aufgabe bekommen hat, die gesamte Schöpfung umzuwandeln und zu sublimieren: Alles was er sieht, alles was er berührt, alles was er isst, soll er umwandeln, verbessern, verschönern. Unsere Aufgabe ist es, die gesamte Schöpfung hinunter zu schlucken und sie göttlich wieder hervorkommen zu lassen! Solange wir das nicht verstehen, wird alles, was wir tun, dumm und unsinnig, unsere Existenz an sich hat keinen Sinn.

Wir haben die Aufgabe, der Materie das Siegel des Geistes aufzuprägen, alles zu vergeistigen, alles zu vergöttlichen. Wenn uns das gelingt, werden wir von den lichtvollen Geistwesen, die sich in unserer Nähe aufhalten, anerkannt, geschätzt und auserwählt, weil wir den Sinn der Schöpfung verstanden haben.

Wir essen, wir trinken, wir atmen, wir arbeiten, wir wandeln die Materie um und bemühen uns, ihr zu geben, was wir besitzen, das heißt mehr Leben, mehr Liebe, mehr Intelligenz. Die Pflanzen ernähren sich von Mineralien, die Tiere ernähren sich von Pflanzen und die Menschen von Tieren. Und wer isst die Menschen? Das ist eine Frage, die man sich nicht gestellt hat... Es gibt zwei Arten von Geschöpfen, die sich von Menschen ernähren. Seht einmal, unter den Menschen gibt es diejenigen, die das Fleisch von Tieren essen und diejenigen, die nur deren Produkte essen: Eier, Milch... Ebenso essen die Wesenheiten der unsichtbaren Welt nicht das Fleisch der Menschen, sondern ihre Emanationen, ihre Gedanken, ihre Gefühle und je nachdem, ob sie gute oder schlechte Gedanken, gute oder schlechte Gefühle haben, geben die Menschen den niederen Geistern oder aber den Engeln Nahrung. Natürlich muss man verstehen in welcher Form dies geschieht... Und die Engel, ihrerseits, dienen den Erzengeln als Nahrung, die Erzengel den Fürstentümern... und so weiter, bis hinauf zu den Seraphin, die dem Herrn als Nahrung dienen. Die Liebe der Seraphin ernährt den Herrn.

Zu allen Zeiten haben die Eingeweihten, die ein Wissen besaßen, das sie die Masse nicht lehren konnten, sich der Bilder bedient, die man interpretieren können muss. In der Bibel heißt es, dass der Herr am Geruch von Brandopfern großen Gefallen fand. Ihr glaubt, die Nasenlöcher des Herrn könnten wahrhaft Gefallen daran finden, den Geruch von gebratenen fetten Tieren zu schnüffeln...?! Das war ein Bild, um zu zeigen, dass die spirituellen Emanationen von Menschen (die Brandopfer wurden Gott als Opfer dargebracht) anderen höheren Geschöpfen, bis hin zum Herrn als

Nahrung dienen können... denn auch Gott ernährt sich. Da wir ja nach Seinem Bilde geschaffen sind und essen, muss auch der Herr essen, aber natürlich geschieht das nicht so wie bei uns, mit einem Mund, Zähnen, einem Magen und Eingeweiden. Man kann nicht einmal eine vage Vorstellung davon haben, auf welche Art sich der Herr ernährt, so rein und erhaben ist alles in Ihm. Aber Er ernährt sich. Warum hat man sonst solchen Unsinn in der Bibel geschrieben, dass Gott sich vom Geruch von Opfern ernährte, wenn es da nicht eine tiefere Wahrheit hinter diesen Worten gäbe?

Wenn wir Anstrengungen machen, über uns hinauszuwachsen, etwas zu erschaffen, das mehr ist als wir selbst, dann prägen wir durch diese Anstrengung der Materie das Siegel des Geistes auf. Auf diese Weise erfüllen wir unsere Aufgabe als Söhne Gottes. Betrachtet eine Mutter: Sie nimmt eine Materie auf, die sie so wunderbar formt und belebt, dass daraus ein wohlproportioniertes, schönes, intelligentes Kind geboren wird. Die Aufgabe des Eingeweihten, des Schülers ist identisch mit der einer Mutter: Ohne Unterlass erschafft er – symbolisch gesehen – Kinder, indem er immer daran denkt, seine Schöpfungen zu verbessern, zu vergeistigen und zu sublimieren. Wenn man in diesem Sinne arbeitet, gelingt es einem eines Tages, die ganze Erde umzuwandeln. Ja, selbst die Erde wird schwingen, singen und kristallin werden, und alle werden unaufhörlich in höchstem Entzücken leben – stark, strahlend, schön, voller Enthusiasmus. Diesen Impuls muss man jetzt den Menschen geben, die so verdüstert, erstarrt, mumifiziert und unglücklich sind, weil sie den Geist vernachlässigt haben. Alles, was man tut, sollte man mit Enthusiasmus, Liebe und Überzeugung tun, damit alles glänzt und strahlt! Selbst wenn man am Ende seiner Kräfte ist, sollte man sich durch die Allmacht des Geistes erheben, sich hochziehen und noch eine Geste machen bevor man fällt: Damit der Geist noch den Sieg davon trägt und eine letzte Spur in der Materie hinterlässt. Jetzt dagegen sind die Menschen mit ihrer alten Philosophie bereits mit vierzig oder fünfzig Jahren alt und verschimmelt.

Ich bin sehr glücklich, euch heute gezeigt zu haben, dass es Aufgabe des Menschen ist, die Materie durch seinen Körper passieren zu lassen, um sie zu beleben. Und darum isst er. Habt ihr einmal nachgerechnet, wieviel ein Mensch im Laufe seines Lebens isst? Und da die ganze Menschheit dasselbe tut, gibt es überall Veränderungen. Die Erde ist nicht mehr dieselbe. Oh ja, es gibt natürlich einige sehr großzügige, wohlwollende Menschen, die ihre Aufgabe mit solch einem Eifer erfüllen, dass sie fünf- oder sechsmal am Tag üppige Mahlzeiten einnehmen, um zur Umwandlung der Materie beizutragen. Das sind Leute, die man unterstützen und belohnen muss! Denn seht einmal, sie machen eine großartige Arbeit: Wie viele Schweine, Puten, Hühner und Hasen sind dank ihnen verschwunden! Und nur weil sie die Schöpfung verbessern wollen, das darf man niemals vergessen! Die kleinen Vegetarier dagegen, die das bisschen Salat essen – sie verdienen nicht, dass man ihnen ein Postament errichtet, weil sie nicht so im Überfluss die Materie umwandeln, wie all diejenigen, die fressen wie die Scheunendrescher...!

In Wirklichkeit geht es nicht nur darum, die Materie durch den Magen passieren zu lassen, sondern auch durch Lungen, Herz, Gehirn... Das Leben, das wir aufnehmen, bleibt nicht in uns, es verflüchtigt sich. Wir empfangen ständig anderes Leben, immer neu, immer frisch. Wir können daher nicht nur beim Essen die Materie verbessern, sondern bei allem, was wir tun: beim Schauen, Gehen, beim Arbeiten... Ihr seht, wie weit die Aufgabe des Schülers reicht!

Wenn in Zukunft euer Ideal darin besteht, alles lebendiger, lichtvoller, schöner zu machen, werdet ihr euch selbst verwandeln, denn in euch wird alles in Bewegung geraten und Mitarbeiter aus der unsichtbaren Welt werden erscheinen, um euch zu helfen.

Bonfin, den 18. September 1973

IV

Lesung des Tagesgedankens:

»Der physische Körper soll fähig werden, die Eigenschaften des Geistes auszudrücken. Indem wir bewusst mit Liebe und Dankbarkeit essen, entziehen wir der Nahrung die besten Elemente, um unseren Körper aufzubauen. Wenn der Geist ein angemessenes Instrument bekommt, einen physischen Körper, der in der Lage ist, seine Arbeit auszuführen, ist er allmächtig.«

Der Geist bedient sich des Körpers wie eines Werkzeuges. Das ist eine sehr wichtige Vorstellung meine lieben Brüder und Schwestern. Wenn der physische Körper harmonisch entwickelt ist, kann der Geist ihn auf wunderbare Weise benutzen. Sehr wenige kennen diese Wahrheit. Viele Asketen, zum Beispiel, haben sich eingebildet, dass sie den Körper in Schmutz und Entbehrungen vernachlässigen oder ihn schlecht behandeln könnten und ihr Geist genüge, um das alles auszugleichen und zu kompensieren und dass er sogar mehr Möglichkeiten hätte, um sich zu manifestieren. Aber die meiste Zeit war dies ein Misserfolg. Nehmt das Beispiel eines Virtuosen. Er kann der größte Pianist der Welt sein, aber wenn man ihm nur ein kaputtes Klavier gibt, wird er es trotz seines Talents nicht spielen können, weil es nicht in Ordnung ist. Das menschliche Gehirn ist wie ein Klavier. Der im Körper inkarnierte Geist ist vielleicht ein Virtuose, ein Genie, eine Gottheit, aber es wird ihm nicht gelingen, sich zu manifestieren, wenn der Körper Krankheiten, Mängel oder Missbildungen hat. Nehmen wir noch den Fall von Verrückten, von Geisteskranken: Der Geist, der sie bewohnt, ist keineswegs anormal, aber in ihrem Gehirn und in ihrem Nervensystem existiert eine Anomalie, ein physisches Hindernis, das den Geist daran hindert, sich zu manifestieren. Ein solcher Mensch gilt als verrückt oder geistesgestört, aber weiß man, wer er in Wirklichkeit ist, das heißt, was sein Geist

ist? Der Geist ist eine Sache und der physische Körper ist eine andere. Doch oft bringt man die beiden durcheinander, den Geist und den Körper. Der Körper ist unser Fahrzeug, unser Vehikel, ein Instrument, ein Werkzeug, aber »wir«, wir sind etwas anderes. Der Beweis ist, dass nach dem Tod nur das Vehikel zurückbleibt, das weder denken noch sprechen noch gehen kann. Es gibt daher wohl etwas, das weggegangen ist... Man darf nicht das Instrument mit dem Künstler verwechseln.

Sobald der Geist den Körper eines Verrückten oder eines Geisteskranken verlässt, reist und kommuniziert der Geist, der nicht krank, sondern intelligent ist, mit dem ganzen Universum. Nur wenn er in einen kranken Körper zurückkehren muss, fühlt er sich begrenzt, eingeengt, gelähmt, weil die Nervenzentren schwach oder in ihrer Funktion gestört sind, was ihn daran hindert, all seine Fähigkeiten zum Ausdruck zu bringen. Aber wenn der Mensch ihm dazu bewusst die Möglichkeit gibt, ist der Geist in der Lage, alles umzuwandeln, denn er ist allmächtig. Allerdings ist er nur unter bestimmten Bedingungen allmächtig. Auf der physischen Ebene ist er es nicht, aber in seiner eigenen Region, dort, wo er zu Hause ist, besitzt er die Allmacht wie Gott. Denn oben, in den geistigen Regionen, zählen allein die Quintessenz, die Qualitäten, die Tugenden. Darum gilt es einerseits günstige materielle Bedingungen (einen gesunden kräftigen Körper) mit den spirituellsten Gedanken und Gefühlen andererseits zu vereinigen.

Man darf den physischen Körper nicht vernachlässigen, sondern sollte ihn von allen Unreinheiten befreien, die sich darin ansammeln und die den Geist daran hindern, ihn zu beleben und sich zu manifestieren. Darum gibt die Lehre der Universellen Weißen Bruderschaft Methoden, die besonders den physischen Körper betreffen. Zum Beispiel, wie man essen, atmen, sich waschen, gehen, arbeiten, Kinder zur Welt bringen sollte... Das ist eine ganze Wissenschaft, die die Mehrheit der Menschen nicht kennt, woraus dann sehr viele Komplikationen, Anomalien und seelische Störungen erwachsen. Der Schüler weiß, dass es Methoden gibt, mit denen man die Vergöttlichung des physischen Körpers erreichen kann. Der Geist durchdringt dann den Körper so vollkommen mit seinen Quintessenzen, dass der Körper beginnt, die Eigenschaften des Geistes zu manifestieren. Und umgekehrt gelingt es dem Geist, der so feinstofflich ist, sich zu materialisieren und berührbar, sichtbar, wirklich zu werden. In dieser Vereinigung von Körper und Geist liegt die Vollkommenheit.

In der Vergangenheit hat es viele Ordensleute und Mystiker gegeben, die nicht darüber unterrichtet wurden und glaubten, dass Spiritualität darin bestünde, alles Beliebige zu essen und zu trinken, sich nicht zu waschen (das nennt man dann den »Geruch der Heiligkeit«) und in beklagenswerten hygienischen Verhältnissen zu leben. Sicher, sie lernten auf diese Weise, nicht allein ihren Körper zufrieden zu stellen, sich nicht in sinnlichem Vergnügen zu verlieren; denn in dem Moment, das ist richtig, hat der Geist keine Macht mehr. Aber es wurde übertrieben. Indem viele allem entsagten, wurden sie krank, was die Manifestationen des Geistes auch nicht gerade begünstigte! Man sollte vernünftig, intelligent und aufgeklärt sein, das rechte Maß wahren und alles Notwendige tun, um den physischen Körper bei guter Gesundheit zu erhalten, damit dann, wenn der Geist euch Inspiration, Entzücken, Ekstasen und Offenbarungen bringen will, der physische Körper ihn durch sein Unwohlsein oder seine Krankheiten nicht daran hindern kann. Aber umgekehrt, wenn man sich zu sehr mit dem Körper befasst, hat man keinen Kontakt mehr mit der Welt des Geistes, man bleibt eingetaucht in die Materie. Genau das geschieht heutzutage, wo die Menschen dabei sind, immer mehr in die Materie einzudringen.

Andererseits findet glücklicherweise, dank der Arbeit von lichtvollen Geistwesen, ein Erwachen in der Welt statt. Viele Menschen suchen jetzt nach dem Weg, der zur Kenntnis der feinstofflichen Welt führt. Wenn auch manche im Materialismus dahindämmern, wollen ihm doch viele entkommen. Nur, wenn sie nicht richtig geleitet werden, drohen sie ins andere Extrem zu fallen, was genauso schädlich ist. Man braucht Kriterien, man braucht Wissen.

Diese Kriterien und dieses Wissen werden in der Lehre der Universellen Weißen Bruderschaft gegeben, die dazu da ist, den Menschen zu helfen, sie aufzuklären und ihnen die Richtung zu weisen.

Ihr könnt das Glück finden, ihr könnt Freude finden, Frieden, Erweiterung, Herrlichkeit, Fülle, Kraft und das ewige Leben, aber ihr werdet das alles nicht ohne dieses Wissen finden. In der ganzen Welt ist man dabei, die Menschen mit trügerischen Versprechen in die Irre zu führen: »Nehmt dieses Produkt, kauft jenes Gerät und ihr werdet gerettet sein.« Und niemals ist jemand gerettet worden, im Gegenteil, denn das sind rein äußerliche Mittel. Und in welchem Zustand ihr innerlich seid, wie man eure Art zu denken oder zu fühlen verbessern könnte, das ist die letzte ihrer Sorgen. »Nehmt dies, schluckt jenes...« Niemals schlagen sie euch Lösungen vor, welche die psychische Ebene betreffen, die Bedürfnisse der Seele erfüllen. Und darum sage ich euch, dass sie im Irrtum sind. Natürlich, man weiß genau, dass diejenigen, die solche Produkte anpreisen, dies nicht für das Glück der Leute tun, sondern um sich zu bereichern und dass ihnen die Folgen gleichgültig sind. Was aus den Menschen wird, ob sie stärker werden oder völlig herunterkommen, das ist ihnen egal!

Ich bin nicht gegen den technischen Fortschritt, ich bewundere immer seine mechanischen, elektronischen, chemischen und pharmazeutischen Erfindungen, sie können der Menschheit enorm helfen. Aber sie bringen niemals die endgültige Lösung, das endgültige Heilmittel. Die einzige endgültige Lösung aller Probleme liegt in einer inneren Wandlung des Menschen. Er muss die Richtung seines Lebens ändern, die Art wie er urteilt, denkt, versteht, fühlt, handelt... Aber wie viele gibt es, die sich darum kümmern?

Ihr versteht jetzt den Sinn des Gedankens, den ich euch gerade vorgelesen habe: »Indem wir bewusst und mit Liebe und Dankbarkeit essen, entziehen wir der Nahrung die besten Elemente, um unseren Körper aufzubauen. Wenn der Geist ein angemessenes Instrument bekommt, einen physischen Körper, der in der Lage ist, seine Arbeit auszuführen, ist der Geist allmächtig.« Wenn man unter guten Bedingungen isst und mit viel Liebe, ist der gesamte Organismus bereit, die Nahrung auf eine so vollkommene Weise aufzunehmen, dass die Nahrung sich ihrerseits angeregt fühlt und verborgene Reichtümer verteilt: Alles was die Sterne, die Sonne, die Kräfte der Natur in sie hineingelegt haben, gibt sie dem Organismus, weil er sie so aufgenommen hat, wie es sein soll. Wenn ihr wisst, wie ihr jemanden mit viel Liebe empfangen könnt, öffnet er sich und gibt euch alles; wenn ihr ihn schlecht empfangt, verschließt er sich und gibt euch nichts. Setzt eine Blume dem Licht und der Wärme aus und sie öffnet sich, sie verschenkt ihren Duft; setzt sie Kälte und Dunkelheit aus und sie verschließt sich. Auch die Nahrung öffnet und verschließt sich unserer inneren Haltung entsprechend. Wenn sie sich öffnet, dann bietet sie uns ihre feinstofflichsten und göttlichsten Energien dar. Wer ohne Anerkennung, ohne Dankbarkeit isst, wird nicht viel von ihr bekommen; nur die gröbsten Partikel, um Holz sägen, dem Nachbarn eine runterhauen, die Leute anschnauzen und sich mit ihnen streiten zu können. Wenn er aber beten, meditieren, kontemplieren möchte, wird er einschlafen, denn er wird diese sehr feinstofflichen Energien entbehren, die man gewinnt, indem man richtig zu essen versteht. Wenn ihr so esst, wie ich es euch rate, habt ihr vielleicht weniger Lust dazu, untereinander abzurechnen, aber ihr verspürt den Wunsch, Wunder zu vollbringen, die Herrlichkeit des Geistes zum Ausdruck zu bringen.

Man unterschätzt die Bedeutung der Ernährung, aber zeigt mir eine wichtigere Tätigkeit... Alles hängt von ihr ab, alles ist mit ihr verbunden. Wenn ihr nicht esst, wozu seid ihr dann fähig? Wer könnte forschen, ohne zu essen? Habt ihr einen Wissenschaftler gesehen, der sich mit leerem Magen in sein Labor begibt? Warum also nicht seinen Standpunkt ändern, was die Bedeutung der Ernährung betrifft?

Sèvres, den 12. Februar 1972

Kapitel 17

Es ist erstaunlich zu beobachten, dass die Menschen, die vorgeben, die Mysterien der Schöpfung zu ergründen und die auf der Suche nach den größten Geheimnissen sind, den Vorgang der Ernährung gering schätzen und beiseite lassen, in den Gott doch Seine ganze Weisheit gelegt hat. Wenn man die Gesetze der Ernährung erforscht, stellt man fest, dass man dieselben Gesetze überall im Universum wiederfindet (sie regeln auch die Wechselbeziehungen zwischen Sonne und Planeten) und dass sie auf allen Gebieten gültig sind, insbesondere auf dem der Liebe. Sogar für den Vorgang der Empfängnis und der Schwangerschaft...

I

Wenn ich die Tiere essen sehe, tut mir das Herz weh. Ich spüre Mitleid mit ihnen, denn sie haben nicht die Möglichkeiten wie wir, die Nahrung auszusortieren, zu waschen und zuzubereiten. Als Ausgleich hat die Natur ihnen einen viel solideren Magen gegeben. Der Magen der Menschen ist sehr viel empfindlicher als der Magen der Tiere! Darum wissen alle, dass es immer etwas zu entfernen gibt, wenn man Fisch, Früchte, Gemüse oder sogar Käse isst: Gräten, Haut oder eine Kruste. Oder dass man zumindest gezwungen ist, die Nahrung vor dem Essen zu spülen oder zu waschen. Das geschieht so gewohnheitsmäßig, dass niemand darüber nachdenkt, aber ich werde euch zeigen, dass die Natur all ihre Weisheit, all ihre Regeln und Anweisungen in die kleinsten Handlungen des täglichen Lebens hineingeschrieben hat.

Vor dem Essen muss man also Vorsichtsmaßnahmen treffen, damit man sich nicht den Gaumen verletzt, die Zähne abbricht oder seinen Magen beschädigt. Warum macht man im Leben nicht das Gleiche? Bevor man sich mit jemandem verbindet, bevor man ihn in seinem Herzen, in seiner Seele akzeptiert, warum bildet man sich da ein, er sei schon bereit, aufgenommen und verdaut zu werden? Ihr werft ein: »Aber das ist die Liebe!« Ja, ich verstehe, das ist die Liebe, aber diese Liebe ist blind, das ist nicht die wahre Liebe. Wahre Liebe ist gleichbedeutend mit Klarheit, sie steht nicht im Widerspruch zur Weisheit.

Die Leute verbinden sich, umarmen sich, haben Austausch, ohne sich vorzubereiten, sich zu waschen und sich vom Schmutz zu befreien, den sie im Herzen und in der Seele angesammelt haben, während sie durch die Kamine des Lebens hindurch gegangen sind. Zeigt sich daher jemand vor einem Eingeweihten, so beginnt dieser ihn als eine köstliche Frucht zu betrachten, aber als eine Frucht, die er vor dem Essen waschen muss.

Das, meine lieben Brüder und Schwestern, ist der Unterschied zwischen Schülern und gewöhnlichen Menschen ohne Licht, ohne Weisheit, ohne Wissen. Es ist die Art und Weise, wie sie ihre Austausche, ihre Verbindungen gestalten. Die gewöhnlichen Menschen sind wie die Katzen, die Mäuse mit Haut und Eingeweide verschlingen. Und danach beklagen sie sich und jammern: »Oh, wie unglücklich bin ich mit meiner Frau!« oder auch: »Oh, auf welchen Ehemann bin ich hereingefallen!« Aber warum habt ihr die Mentalität einer Katze? Warum habt ihr diese Frau oder diesen Mann gegessen, das heißt, warum habt ihr den Umgang mit ihm gesucht und Austausche mit ihm gepflegt, seine Gefühle, seine Gedanken, seinen Atem, seine Aura akzeptiert? Warum habt ihr nicht die Vorsichtsmaßnahme getroffen, ihn zu waschen, ihn zu säubern und vorzubereiten, ihn ein paar Prüfungen unterzogen?

Indem wir die Menschen einigen Prüfungen unterziehen, können wir sehen, wie treu sie sind, wie wahrhaftig sie sind und wieviel Liebe sie haben. Ohne sie Prüfungen zu unterziehen, kann man sich nicht klar darüber werden, was sie wert sind. Darum bedienen sich die Eingeweihten der Prüfungen, um ihre Schüler zu prüfen. Sie akzeptieren sie nicht sofort in ihrem Herzen, in ihrer Seele, in ihrem Geist, bevor sie nicht gesehen haben, dass sie geduldig, beständig, ausdauernd, treu usw. sind. Wenn ein Meister sieht, dass sein Schüler sich bemüht, dass er treu ist, dass man auf ihn zählen kann, ja, dann gibt er ihm seine Liebe, seine Wertschätzung, seine Schätze, alles was er besitzt, aber nicht vorher.

Möge sich jetzt also jeder analysieren und sein Leben rückschauend betrachten. Ihr werdet feststellen, dass ihr euch bis jetzt nur mit äußeren Details befasst habt, ohne zu ergründen, welche Art von Wünschen, Gefühlen und Gedanken die Menschen hatten, mit denen ihr euch verbinden wolltet. Die Eingeweihten sind sehr schwierig, und sie haben Recht; sie haben verstanden, was die Natur uns jeden Tag durch die Ernährung zeigt, und dass man in gleicher Weise im psychischen Leben handeln muss. Jeden Tag muss man schälen, putzen, etwas entfernen, aber im physischen Bereich hat man die Lektion, die die Natur uns gegeben hat, nicht begriffen. Seht doch, selbst wenn eine Mutter ihr Kind leidenschaftlich liebt, wird sie es erst zum Waschen schicken und dann in die Arme nehmen, wenn es ihr nach dem Spielen im Schmutz um den Hals fallen will. Warum umarmt sie es nicht gleich, da sie es doch liebt? Ja, meine lieben Brüder und Schwestern, das große Buch der lebendigen Natur ist vor euch aufgeschlagen, aber es ist nur für die Weisen geöffnet und bleibt für die anderen verschlossen.

Ihr nehmt dreimal am Tag eure Mahlzeiten ein, ihr wählt eure Nahrung sorgfältig aus, bevor ihr sie esst, aber ihr akzeptiert irgendeine Philosophie und verbindet euer Leben mit dem des Erstbesten, ohne ihn zu kennen, auf die Gefahr hin, euer ganzes Leben lang vergiftet zu werden. Nur den Herrn dürft ihr lieben, bevor ihr Ihn kennt. Die Menschen hingegen sollte man kennen bevor man sie liebt, das heißt, bevor man sie »isst«, bevor ihr sie in euer Heiligtum einladet. Wenn man nicht zuallererst Gott liebt, wird man Ihn niemals kennen. Und für die großen Meister gilt dasselbe Gesetz: Ihr werdet sie niemals kennen und sie werden euch verschlossen bleiben, wenn ihr sie nicht liebt. Natürlich stellt sich nun die Frage wie man sie lieben soll. Die meisten lieben einen Meister wie einen See, in dem sie sich waschen und all ihren Schmutz hinterlassen. Sie denken nicht daran, dass noch andere aus diesem See trinken werden... und was werden sie dann trinken? Die meisten von denen, die einen Meister für ein Gespräch aufsuchen, überschütten ihn mit all ihrem Schmutz, den sie ihr Leben lang angesammelt haben; und der Meister muss sich daraufhin waschen, um diesen Schmutz wieder loszuwerden oder muss ihn umwandeln, was viel Arbeit für ihn bedeutet! Nun, wenn selbst ein Meister gezwungen ist, sich zu säubern, um wie vieles mehr dann die gewöhnlichen Menschen! Sie aber säubern sich niemals, sie haben mit allen Teufeln verkehrt, aber sie merken nicht einmal, dass sie schmutzig sind und sich waschen sollten.

Der Meister ist achtsam, er wacht jeden Tag über die Reinheit, jeden Tag säubert er sich, um rein zu sein und um die anderen säubern zu können. Und selbst wenn er von jemandem beschmutzt wird – am nächsten Morgen ist nichts mehr davon übrig. Denn in seinem Bewusstsein sprudelt die göttliche Quelle. Der ganze Unterschied zwischen einem gewöhnlichen Menschen und einem Eingeweihten liegt im Denken, im Bewusstsein, in der inneren Haltung. Ein Eingeweihter denkt jeden Tag daran sich zu reinigen, auf Grund dessen was er isst, was er trinkt, was er atmet, denn er weiß sehr genau, dass durch jeden Kontakt einige unreine Teilchen in sein Wesen, in seine Aura einfließen. Schon allein durch einen Händedruck von jemandem empfängt er Unreinheiten und verliert Kräfte. Man weiß nichts von der Bedeutung des Austausches, der sich bei einem Händedruck vollzieht; es genügt manchmal ein Händedruck, um entmagnetisiert zu sein!

Gott hat in jedes Wesen einen Funken gelegt; wo immer ihr auch seid, ihr solltet versuchen, mit ihm in Verbindung zu treten. Ihr könnt diesen Funken sogar in Tieren, Pflanzen und Steinen finden, wenn ihr euch nicht damit zufrieden gebt, nur die äußere Seite zu betrachten. Alle Geschöpfe besitzen diesen verborgenen Funken. Selbst bei Verbrechern könnt ihr euch an diesen Funken wenden und mit ihm kommunizieren.

Die Eingeweihten wollen nicht in Beziehung treten mit der Personalität der Menschen, mit ihrem Astralkörper oder ihren Hirngespinsten. Sie wissen, dass man in den Kellern eines Hauses Ratten und Schimmel vorfindet und dass man sich besser auf die höheren Etagen begibt. Wenn sie daher einen Menschen vor sich haben, suchen sie den in ihm verborgenen Funken, um diesen Menschen mit dem Himmlischen Vater und der Göttlichen Mutter zu verbinden. Sie vollbringen auf diese Weise eine Arbeit an ihm, und eines Tages wird das Licht zu ihm kommen. So arbeitet ein Eingeweihter an seinen Schülern. Er kümmert sich um den göttlichen Funken, der zu erwachen beginnt und darum liebt der Schüler seinen Meister. Denn ein Meister wendet sich an das Beste in ihm.

Wenn es einem auf diese Weise gelingt, den in jedem Geschöpf verborgenen göttlichen Funken zu finden, kann man sogar in den Dschungel gehen, mitten unter Löwen, Tiger und Schlangen und diese Tiere, die spüren, dass ihr sie liebt, da ihr Gott in ihnen liebt, werden euch nicht beißen. Darum gibt es in Indien Yogis, die seelenruhig mitten unter wilden Tieren leben.

Wenn ihr einem Menschen begegnet, dann versucht, den in ihm verborgenen Funken zu entdecken, sein höheres Selbst, und ihm zu helfen, eine Verbindung mit dem Herrn herzustellen. Das ist die Arbeit eines Eingeweihten und sie führt zu wunderbaren Ergebnissen. Es sind die Ergebnisse seiner bewussten Aktivität. Das ist die am weitesten entwickelte, die höchste Form der Liebe; das heißt, sich nur mit dem göttlichen Funken in jedem Geschöpf zu verbinden wissen, um ihn zu nähren und zu stärken. Da braucht ihr euch weder in Acht zu nehmen, noch Zeit zu verlieren und hin und her zu überlegen bevor ihr ihn liebt, weil dieser Funke rein ist. Wenn es sich um die Personalität handelt, bemüht euch, sie kennen zu lernen bevor ihr sie akzeptiert, aber akzeptiert sofort den Funken bei jedem beliebigen Menschen und um so mehr bei einem Meister. Lasst eure Liebe sich manifestieren, denkt nur, sie zu verbessern, ihr alle schädlichen Elemente wie Begehrlichkeit, Besitzergreifenwollen und Gewalt, die allzu persönlich sind und eure Entwicklung behindern, wegzunehmen. Wir alle haben ein paar Keime, ein paar Elemente, die unsere Liebe egoistisch machen. Man muss sie daher reinigen, veredeln, indem man ihr Elemente der Selbstlosigkeit, der Großzügigkeit und Entsagung hinzufügt. Warum wollt ihr, dass euer Liebster ausschließlich euch gehört? Alle Männer und alle Frauen, die sich einbilden, sie hätten die Macht, Seele und Herz jedes beliebigen Menschen zu beherrschen, die täuschen sich! Selbst wenn ihr eine Gottheit seid, wird eure Frau oder euer Gatte in seinem Herzen immer Platz haben, um andere zu lieben. Wenn ihr das nicht akzeptiert, seid ihr zum Scheitern verurteilt. Man muss dies im Voraus wissen. Schreibt das, was ich euch sage, in eure Seele, in euren Geist, sonst werdet ihr leiden.

Ihr begreift wie wichtig die Bedeutung der Auslese ist, die ihr immer beim Essen treffen müsst, um nur das zu behalten, was gut ist. Warum nicht im Inneren das Gleiche tun? Warum alles schlucken wie die Katze?

Bevor ich zum Ende komme, werde ich euch noch etwas sagen, was ebenso einen Bezug zur Ernährung hat. Wenn ihr schwere Prüfungen durchmacht, so dass alles zerbricht, alles in euch aus den Fugen gerät, dann geschieht es deshalb, weil der Himmel entschieden hat, euch zu essen, das heißt, euch zu akzeptieren, euch oben unter den Auserwählten zu empfangen. Er säubert euch, er entfernt alle unverdaulichen Elemente an euch und behält nur das, was gut ist für sein Festmahl. Selbst die Apostel wurden zerbrochen und zerstückelt, bevor sie vom Herrn akzeptiert und gegessen, das heißt auf Seinem Tisch empfangen wurden, zu Seinem Genuss. Das ist die Bedeutung großer Prüfungen. Wenn diese Prüfungen noch nicht gekommen sind, dann findet der Himmel euch noch nicht ausreichend reif und würdig, gegessen zu werden.

Ihr entgegnet: »Aber das sind Kannibalen dort oben!« Nein, das ist nur eine Redensweise. Seht, die Pflanzen essen die Mineralien, die Tiere essen die Pflanzen, die Menschen essen die Tiere... Also müssen auch die Menschen gegessen werden. Aber genauso wie es Menschen gibt, die nur die Produkte von Tieren essen – Eier, Milch, usw. –, gibt es in der unsichtbaren Welt Wesen, die die Produkte der Menschen essen, das heißt ihre Gedanken, ihre Gefühle, ihre Emanationen. Wenn diese Gedanken und Gefühle finster sind, werden sie von niederen Wesenheiten aufgenommen, die lichtvollen Gedanken und Gefühle hingegen von den Engeln. Und die Engel werden ihrerseits von den Erzengeln gegessen, die Erzengel von den Fürstentümern, usw. bis hinauf zu den Seraphin, die vom Herrn gegessen werden. Der Herr nimmt die Früchte entgegen, die Ihm die Seraphin anbieten. Die Früchte der Seraphin, das ist die reinste Liebe. Wenn manche durch meine Worte in Schrecken versetzt werden, mögen sie erschreckt bleiben... Ich offenbare euch die Wahrheit und wenn man sie nicht akzeptiert, entschuldigt bitte, aber das ist mir egal.

Öffnet die Türen und Fenster eures Wesen, um diese göttlichen Freunde zu empfangen, diese so guten, so großzügigen und lichtvollen Freunde, die euch erhellen und euch verständlich manchen wollen, was ihr bis jetzt noch nie begriffen habt. Wenn ihr vom Himmel erwählt worden seid, um Mitglied der Universellen Weißen Bruderschaft zu sein, müsst ihr eure Aufgabe bis zu Ende führen.

Bonfin, 22. August 1960

II

Wenn man weiß, wie man die Ernährung richtig verstehen soll, kann man alle Probleme lösen, einschließlich der Frage der Sexualität. Ja, alle diejenigen, die entschieden haben, sich in diesem Bereich nicht mehr zu ernähren, das heißt, die die Männer und Frauen meiden unter dem Vorwand, keusch und rein zu sein, sterben in spiritueller Hinsicht – und manchmal sogar physisch. Es geht also darum, dass man isst, aber man muss wissen, was und wie man isst.

Ich habe euch erklärt, dass man sich mit homöopathischen Dosen ernähren sollte, indem man betrachtet, hört, atmet. Man darf nicht aufhören, sich zu ernähren, unter dem Vorwand, man würde dann ein Heiliger werden und den Herrn kennen lernen.

Denn dann wird man weder den Herrn kennen lernen noch sonst irgendetwas. Das Leben wird sogar entfliehen, und man steht da, ohne Elan, ohne Eingebung, ohne Freude. Die Heiligkeit ist eine Ernährung, meine lieben Brüder und Schwestern, aber anstatt eine dichte, schwere, unreine Nahrung zu sich zu nehmen, isst man alles, was göttlich ist. Im Bereich der Sexualität gehen die Menschen immer in die Extreme. Entweder lassen sie es zu, dass sie verhungern oder sie stürzen sich gierig auf die Nahrung, wie die Katzen, die die Mäuse mit Haut und allen Eingeweiden verschlingen.

Die Lösung findet ihr, wenn ihr die Ernährung und die verschiedenen Arten, sich auf allen Ebenen zu ernähren, studiert. Ihr werdet begreifen, dass man nicht leben kann, ohne zu essen und dass selbst die Engel essen müssen, und sogar der Herr. Der Herr ernährt sich von den feinstofflichsten Quintessenzen der Bäume die Er gepflanzt hat, Seiner Geschöpfe. Der Herr ernährt sich, und es geht Ihm gut dabei, das versichere ich euch! Es geht Ihm gut, weil Er weiß, wie man richtig isst. Er nimmt nicht die kleinste Unreinheit zu sich. Alles, was unrein ist, überlässt Er anderen, damit sie es umwandeln, bevor sie es Ihm bringen.

Wenn wir dem Herrn gleichen wollen, müssen wir es machen wie Er. Auf der physischen Ebene findet man natürlich keine vollkommen reine Nahrung. Man kann sogar niemals genau wissen, woran man geraten wird. Im Bereich der Gefühle und Gedanken jedoch, da kann man sehr aufmerksam sein und eine Auslese treffen, um sich beständig von den besten Gefühlen und Gedanken zu ernähren und die anderen zurückzuweisen. Sonst wird der spirituelle Magen krank werden. Man muss eine Auslese treffen. Genauso wie man vor dem Essen Haut, Schalen, Gräten, usw. entfernt, muss man auch im Bereich der Gedanken und Gefühle bestimmte unverdauliche und schädliche Elemente entfernen.

Diejenigen, die sich mit dem Thema Ernährung im psychischen Bereich nicht beschäftigen wollen, setzen sich selbst allem Unglück aus. Denn die Gedanken und Gefühle sind Materialien, aus denen man die verschiedenen feinstofflichen Körper formt, und wenn man sich ein Elendsquartier baut, wird man weder von einem Prinzen noch von einem Hohepriester besucht, sondern von Bettlern. Wir selber erbauen unseren Äther-, Astral- und Mentalkörper, und je nach der Qualität dieser Körper ist unser Schicksal vorgezeichnet. Wir werden von lichtvollen Wesen besucht oder von finsteren, wir empfangen Freud oder Leid, wir werden die wahre Herrlichkeit haben oder aber ein dunkles Leben.

Man sollte deshalb nicht nur auf der physischen Ebene die beste Nahrung suchen, sondern auch auf der spirituellen Ebene, weil der Mensch mit Hilfe dieser Teilchen seinen Äther-, Astral- und Mentalkörper aufbaut und dann natürlich auch seine Emanationen anders sein werden. Er wird zu einem Sohn Gottes, lichtvoll, schön, ausdrucksvoll und jeder bewundert ihn, weil er verstanden hat, dass das Geheimnis des Lebens darin liegt, Tag und Nacht an sich selbst zu arbeiten. Eure Zukunft hängt von der Art und Weise ab, wie ihr euch ernährt. Wenn ihr euch auf der physischen Ebene schlecht ernährt, seht ihr schlecht aus. Jeder fragt euch, was los ist. Denn die Qualität von Nahrungsmitteln kann die Form des Gesichts eines Menschen verändern. Das Gleiche gilt für die Qualität seiner Gedanken und Gefühle. Manche Gedanken und Gefühle sind in der Lage, uns schöner zu machen, andere machen uns leider hässlich. Warum also nicht darauf achten?

Wenn ihr so gegessen habt, wie es sein soll, seid ihr fähig, durch eure Worte und euer Verhalten Wunder zu vollbringen. Wenn ihr dagegen nicht richtig gegessen habt, gehen euch all eure Vorteile verloren. Wenn ihr dann zu eurer Liebsten geht, wird sie euren Kuss nicht mehr so köstlich finden und sich vielleicht entscheiden, euch nicht mehr zu umarmen. Ihr seht wie dumm man ist! Man ist nicht in der Lage, die späteren Folgen seiner Handlungen zu sehen.

Wenn man die Gesetze der physischen Ernährung versteht, wird man nicht nur die Gesetze der spirituellen Ernährung verstehen, sondern man wird auch entdecken wie das Herz die Gefühle verdaut, wie das Gehirn die Ideen verdaut, wie die Lungen die Luft verdauen, wie der Geist das Licht verdaut.

Bilden wir jetzt eine Analogie: Man kann die Menschen mit Früchten, Blumen oder Gemüsen vergleichen. Wenn ihr in Verbindung mit ihnen tretet, sei es, dass ihr sie anschaut, mit ihnen sprecht, ihnen zuhört, dann ist das so, als würdet ihr sie kosten. Doch was tut ihr die meiste Zeit? Ihr betrachtet ihre Kleidung, ihren Schmuck, ihr Gesicht, ihre Beine oder ihre Brust, aber ihr sucht darüber hinaus nicht nach dem Leben, das dort verborgen ist, nach dem Geist, nach der Seele. Dabei sind sie es, die euch interessieren müssten. Aber nein, man bleibt bei der äußeren Seite stehen und sagt: »Ah, dieses junge Mädchen, wenn ich mit ihr schlafen könnte!« und man nimmt Photos... Aber was hat man gesehen? In dem Wunsch sich zu befriedigen, sich zu amüsieren, hat man nur das Äußere gesehen.

Wenn hingegen ein Eingeweihter derselben »Nahrung« gegenübersteht, sucht er das göttliche Leben. Auch er will sich ernähren, aber nicht mit Schmutz. Und wenn er Früchte oder Blumen findet, das heißt Menschen, die das Leben in sich tragen, bleibt er vor ihnen stehen und sagt: »Das sind Aspekte des Himmlischen Vaters, der Göttlichen Mutter... Danke Herr, danke Göttliche Mutter. Durch diese Blumen und Früchte habe ich heute die Gelegenheit, mich Euch zu nähern, Euch zu kontemplieren. Durch diese Herrlichkeit kann ich euren Duft atmen, eure Köstlichkeiten kosten.« Und er geht glücklich von dannen, weil diese Früchte und Blumen es ihm ermöglicht haben, sich dem Himmel zu nähern. Ihr dürft nicht bei einem jungen Mädchen bleiben, um es aufzuessen, um ihm zu sagen, dass ihr in es verliebt seid und dass ihr es küssen möchtet. Nein, man sollte da nicht stehen bleiben. Wenn ihr da bleibt, seid ihr verloren. Da dieses junge Mädchen ein Spiegelbild der Göttlichen Mutter ist, warum dann bei diesem Spiegelbild bleiben? Warum nicht zur Göttlichen Mutter gehen? Ihr seht, da wo die meisten Menschen sich in die Abgründe ziehen lassen, geht der Eingeweihte viel weiter, er wird reicher, stärker, er wird noch lichtvoller und reiner.

Ihr fragt euch, wie man sehen kann, ob jemand sich gut oder weniger gut ernährt... Wie kommt es, dass ihr seht, ob ein Mann ein Obdachloser ist, der seine Nahrung in den Mülltonnen sucht oder ein Prinz, dessen Tisch jeden Tag mit den köstlichsten Speisen gedeckt ist? Auf der spirituellen Ebene ist es ganz genauso. Die Eingeweihten haben ein anderes Aussehen als die gewöhnlichen Menschen, weil sie gut ernährt sind, während die anderen alles Mögliche essen. Für mich gibt es ein Kriterium, meine lieben Brüder und Schwestern: Wenn ich jemanden sehe, der spirituell unterernährt ist, ohne das geringste Licht auf seinem Gesicht, weiß ich, in welches innere Restaurant er gegangen ist. Ihr meint: »Ja, aber er geht in die Kirche, er gibt Geld für die Armen, er senkt den Blick, wenn er einer Frau begegnet...« Das ist möglich, aber ich sehe, dass er innerlich verdorbene Nahrung zu sich nimmt. Wenn ich jedoch einem strahlenden Menschen begegne, denke ich, was immer man mir auch über ihn erzählt: »Der da hat ein Geheimnis und ich möchte dieses Geheimnis kennen lernen, denn das ist eine sprudelnde Quelle!« Da wird einer erwidern: »Aber ich habe ihn junge Mädchen am Strand anschauen sehen!« Das ist völlig unbedeutend, wichtig ist nur, was er sucht und was er sieht. Wenn er beim Betrachten dieser jungen Mädchen zur Gottheit aufsteigt, warum wollt ihr ihn daran hindern?

»Aber ein reiner Mensch, ein Heiliger macht so etwas niemals, man muss sich an die althergebrachten Regeln halten!« Gut, in Ordnung. »Aber Sie, warum sind Sie dann mit ihrer ganzen Heiligkeit und Reinheit schwach, farblos und ohne Elan? Wie kommt es, dass Ihre Heiligkeit Ihnen nichts gebracht hat? Und wie kommt es, dass dieses schamlose Betragen, dieses sogenannte Ausschweifen, ihm den Himmel und das Licht gebracht haben?« Es gibt also auch dort etwas zu studieren.

Bonfin, den 30. Juli 1965

III

Ihr habt schon mehrmals von mir hören können, wie ich die Liebe mit der Ernährung verglichen habe. Auch heute werde ich euch einen Punkt aufzeigen, in dem man sie vergleichen kann. Ich habe euch oft folgendes Bild gegeben: Um Feuer zu entzünden, gibt es eine alte Methode, die darin besteht, zwei Holzstücke aneinander zu reiben. Dieses Reiben produziert zuerst Wärme und nach einiger Zeit erstrahlt Licht. Ich habe euch gezeigt, dass die Menschen, was die Liebe betrifft, unfähig sind, bis zum Licht vorzudringen, damit das Feuer entflammt; sie verbleiben im Stadium der Bewegung und der Wärme, das heißt der Reibung und des Vergnügens. Und das Licht...? Es gibt kein Licht! Sie haben zudem nichts verstanden von der Größe und der Unermesslichkeit der Liebe Gottes, bis dorthin gelangen sie nicht.

Was die Ernährung angeht, sind die Menschen bei der Bewegung und der Wärme stehen geblieben. Sie nehmen die Nahrung in den Mund und kauen sie, was ein gewisses Wohlgefühl hervorruft; aber dabei bleiben sie stehen, bei dem Vergnügen, verschiedene Geschmacksvarianten zu kosten. Sie gelangen nicht bis zum Stadium des Lichts, sie haben nicht einmal eine Ahnung davon, dass man in diesem Sinne eine Anstrengung unternehmen könnte. Kraft und Vitalität zu erhalten, das ist gut; die verschiedenen Geschmacksrichtungen zu kosten und sich daran zu erfreuen, auch das ist gut. Aber warum ist danach nicht das ganze Leben erhellt? Hier tut sich ein neuer Bereich auf, den es zu vertiefen gilt, meine lieben Brüder und Schwestern. Man muss jetzt viel weiter darüber hinaus gehen, und anstatt nur bei der Empfindung zu verweilen, bis zum Licht vordringen. Daran kann man das ganze Leben lang arbeiten!

Sèvres, den 16. Februar 1972

IV

Wenn ihr vor den Mahlzeiten kein Gebet sprecht, um den Herrn zu bitten, dass Er an eurem Mahl teilnimmt, wenn ihr die Nahrung nicht weiht, dann werden es sich bestimmte Geschöpfe von der Astralebene, die Hunger und Durst haben, mit eurer Hilfe schmecken lassen. Aber ja, denn ihr habt ihnen nicht die Tür versperrt. Da man unwissend ist, denkt man, man sei allein und es gäbe keine anderen Geschöpfe, die sich einschleichen können und davon profitieren. Was für die Mahlzeiten gilt, gilt genauso für die Liebe. Wenn Mann und Frau zusammen sind und weder Wissen, noch Licht, noch Weisheit besitzen, können sie sich nur vergnügen. Sie errichten nicht die geringste Barriere gegen die boshaften Geister, die von all den Energien, die dabei ausströmen, profitieren, um ein Festmahl zu halten. Genau das ist die Hölle: Wesenheiten, die ständig die Kräfte der unwissenden Menschen abziehen. Die anderen, die rein sind, die sich geweiht haben, können ihnen nicht als Weideplatz dienen. Aber die Menschen, die Tag und Nacht in Ausschweifung leben, ernähren all die Geister der Hölle, die dann Schaden anrichten.

Man kann sich lieben, vorausgesetzt es geschieht unter himmlischen Bedingungen, im Licht, im Wissen, in der Kraft, der Weisheit und Reinheit. Dann ist man geschützt, und alles was man tut, kommt dem Himmel zu Gute. Denn diese Energien werden – anstatt so gelenkt und orientiert zu werden, dass sie die boshaften Geister stärken – in die himmlischen Regionen gesandt, um die Menschheit zu heilen und aufzuklären, damit das Reich Gottes und seine Gerechtigkeit auf die Erde kommt. Warum sollte man nicht daran denken, seine Liebe zu weihen, damit sie Gutes bewirkt?

Die Menschen sind immer dabei, ihrer Sinnlichkeit freien Lauf zu lassen. Man sagt: »Aber das ist normal, das ist natürlich, das ist erlaubt...« Ja, es ist erlaubt, darum labt sich die Hölle daran. Aber es gibt andere Methoden. Wenn zwei Personen aufgeklärt sind, können sie einander viel Freude, viel Liebe geben, indem sie in Gedanken ihre Energien in himmlische Bereiche senden, um die Engel zu erfreuen. Ihr meint: »Aber es ist ein schimpflicher Akt, man muss sich verbergen!« Ganz und gar nicht. Die Liebe kommt vom Himmel und die Engel und Erzengel schauen keineswegs mit Missfallen auf diese Liebesbeziehungen, solange sie in Reinheit vollzogen werden. Es gibt immerhin einen Instinkt bei den Menschen, eine Intuition, die sie warnt, dass es weder schön noch himmlisch ist, was sie tun. Es drängt sie, das zu tun, weil sie es brauchen, aber sie spüren, dass es nicht so besonders göttlich ist. Darum mögen sie es nicht, dass der Himmel das alles sieht. Man muss sich einschließen, man muss das Licht ausmachen, man muss sich verbergen, weil man spürt, dass es schmählich ist. Wenn es göttlich wäre, würde der Himmel nichts Schlechtes in ihrer Liebe sehen, denn der Himmel ist Liebe, er ist voll Liebe.

Alle Gesetze der Empfängnis finden sich in der Ernährung. In dem Moment, in dem ihr die Nahrung zu euch nehmt, beginnt euer Organismus daran zu arbeiten, ein Kind in die Welt zu setzen, und sogar mehrere: Vitalität, Freude, Willenskraft usw.

Man kann im Verständnis dieser Frage sogar noch weiter gehen und sagen: Ebenso wie Vater und Mutter bei der Empfängnis wachsam sein müssen, was die Wahl des Tages und des Augenblicks und besonders das Überwachen ihres psychischen Zustandes betrifft, muss man genauso bei der Nahrungsaufnahme wachsam sein. Denn die Ernährung ist einer Empfängnis vergleichbar; mit jedem Bissen, den ihr zu euch nehmt, vollzieht sich eine Empfängnis. Und in welchem Zustand befindet ihr euch in dem Augenblick, in dem diese Empfängnis stattfindet? Die Nahrung ist der lebendige Same, der ein Kind hervorbringen soll, das heißt, Gedanken, Gefühle und Handlungen. Welche Kräfte gehen aus dieser Vereinigung hervor? Werden diese Kinder missgebildet, kümmerlich und schwach sein aufgrund der Unwissenheit des Vaters und der Mutter? Der Vater, das seid ihr, da ihr die Nahrung gebt; die Mutter, das ist euer physischer Körper. Wenn daher Vater und Mutter nicht aufmerksam, intelligent und vernünftig sind, werden die Ergebnisse katastrophal sein. Anstatt etwas aufzubauen, werden sie zerstören.

Wenn ihr euch bemüht, nach meinen Ratschlägen zu essen, werdet ihr solche Resultate haben, dass ihr nicht mehr aufhören könnt, sie zu befolgen; genau wie ich. Ich kann nicht mehr unbewusst, ohne Dankbarkeit und Liebe essen. Es gibt eine absolute Verbindung zwischen der Art und Weise, wie man isst und dem Zustand, in dem man sich danach befindet. Jemand fühlt sich schlecht und sagt: »Oh, das werde ich in Ordnung bringen«, und er nimmt eine Tablette. Aber wenn man sich dumm verhalten hat, kann keine Tablette etwas in Ordnung bringen. Werdet intelligent, das heißt, esst bewusst und ihr werdet keine Tabletten mehr brauchen.

Bonfin, den 25. April 1976

Kapitel 18

Wenn ihr keine Achtung der Nahrung gegenüber empfindet, die Gott euch gegeben hat, wem sonst werdet ihr dann Achtung erweisen? Doch sobald ihr der Nahrung Achtung entgegenbringt, werdet ihr die Mysterien der Kommunion begreifen und die Worte Jesu: »Nehmet, esset; das ist mein Leib ... Trinket, das ist mein Blut ... Wer mein Fleisch isst und mein Blut trinkt, der hat das ewige Leben.«

I

Eine der grundlegenden Glaubenspraktiken der christlichen Religion ist die Kommunion. Nicht Jesus hat sie eingeführt, sie existierte bereits seit Jahrhunderten, da die Bibel beschreibt, wie Melchisedek, der Opferpriester des Allerhöchsten, Abraham aufsuchte und ihm Brot und Wein brachte (1. Mose 14,18).

Man muss daher jeden Tag mit dem Herrn kommunizieren, aber ohne darauf zu warten, eine von einem Priester gesegnete Hostie zu bekommen. Ihr könnt mit der Nahrung kommunizieren. Ja, jeder von euch kann Opferpriester sein, das ist eine Aufgabe, die man innerlich dem Ewigen gegenüber hat. Jeden Tag sollte man sich vor seinen Zellen zeigen und einen Gottesdienst abhalten, ihnen zu essen und zu trinken geben. Für eure Zellen seid ihr ein Opferpriester. Wenn ihr euch dieser Rolle bewusst seid, empfangen eure Zellen ein heiliges Element, und ihr spürt die Freude, die sie empfinden, weil sie gut gearbeitet haben. Alle Menschen sind vorbestimmt, eines Tages Priester und Priesterinnen zu werden.

Wir können das Mysterium des Heiligen Abendmahls nur begreifen, indem wir die Nahrung als Ausgangspunkt nehmen. Atmung, Meditation, Kontemplation und Identifikation sind ebenso Formen der Kommunion, aber um die Kommunion richtig zu verstehen, muss man bei der Ernährung beginnen. Meditieren, kontemplieren – dafür kann nicht jeder die Bedingungen oder auch nur die Veranlagung haben, aber alle essen, und zwar jeden Tag. Man sollte daher damit beginnen, die Kommunion auf der physischen Ebene zu verstehen. Man hat nichts verstanden, wenn man damit durch Meditation oder Kontemplation beginnen will. Kommunizieren bedeutet, Austausch zu vollziehen. Ihr gebt etwas und ihr empfangt etwas anderes. Ihr meint, dass ihr beim Essen die Nahrung nur aufnehmt. Das ist ein Irrtum, ihr gebt ihr auch etwas. Zwischen einem Schüler und einem Meister vollzieht sich ebenso ein Austausch, eine Kommunion. Der Meister gibt dem Schüler sein Licht, seine Unterstützung, sein Wissen, seine Tugenden, und der Schüler gibt ihm seine Liebe, seine Ergebenheit, seine Dankbarkeit, seine Achtung. Nehmt einmal an, der Meister gäbe viel und der Schüler gäbe nichts; das wäre keine wahre Kommunion zwischen ihnen. Wahre Kommunion ist ein göttlicher Austausch. Die Hostie bringt euch ihren Segen, aber wenn ihr sie zu euch nehmt, ohne ihr Liebe und die notwendige Achtung zukommen zu lassen, ist das keine wahre Kommunion. Das ist ein unaufrichtiger Akt. Bei der Kommunion muss man empfangen und geben, sonst ist es Diebstahl, und die Natur mag keinen Diebstahl. Wenn ihr nehmt, müsst ihr auch geben. Ich spreche natürlich nicht davon, auf der materiellen Ebene zu geben. Man verlangt nicht von euch, der Hostie Geld oder Geschenke zu geben, sondern eure Achtung, eure Liebe, euren Glauben, und sie gibt euch die göttlichen Elemente, die sie besitzt. Darum konnten diejenigen, die die Hostie ohne Achtung entgegennehmen, sich noch nicht verwandeln.

Es sind nicht die Gegenstände an sich, die auf euch wirken, sondern das Vertrauen und die Liebe, die ihr ihnen entgegenbringt. Ein Medikament heilt euch nicht, wenn ihr kein Vertrauen in seine Wirksamkeit habt. Selbst wenn es heilsame Eigenschaften besitzt, genügt das nicht, damit es seine volle Wirksamkeit entfaltet. Im spirituellen Bereich hängen die Dinge mehr davon ab, was ihr selbst in sie hinein legt, als von dem, was sie sind.

Um mit dem Herrn zu kommunizieren, müssen auch wir Ihm etwas geben. Nicht, dass der Herr bräuchte, was wir Ihm geben. Er ist so reich, dass Er darauf verzichten kann, aber indem wir versuchen, Ihm etwas von uns zu geben, erwecken wir in uns bestimmte spirituelle Zentren; so sehr, dass alle göttlichen Tugenden in uns im Überfluss fließen. Dem Herrn müssen wir Liebe, Dankbarkeit und Treue entgegenbringen. Wenn Er diese verlangt, dann für uns selbst; Er braucht sie nicht. Er ist weder wütend noch böse, wenn wir Ihn nicht verehren. Gott ist niemals durch unsere Dummheiten beunruhigt. Sein Schutz ist diesbezüglich allumfassend.

Wenn wir einmal wahrhaft mit Gott zu kommunizieren wissen, wird der ganze Himmel in unserem Geist, in unserer Seele und in unserem Herzen sein.

Sèvres, den 3. April 1951

II

Lesung des Tagesgedankens:

»Die Nahrung ist ein Symbol des Christus, des Wortes*. Durch die Nahrung empfangen wir die zweiundzwanzig Elemente des WORTES, und wenn wir lernen, bewusst in Stille und Harmonie zu essen, fangen wir an, das zu hören und zu entschlüsseln, was im All erzählt wird von diesen Elementen mit ihren außerordentlichen Eigenschaften, die von der Schöpfungsgeschichte und dem Ruhme Gottes berichten.«

Sicher, dieser Gedanke wird von denen, die noch niemals etwas von den zweiundzwanzig Elementen gehört haben und die nicht wissen, was das WORT in Wirklichkeit ist, nicht verstanden werden. Warum heißt es in diesem Gedanken, dass die Nahrung ein Symbol des WORTES ist? Weil die Sonne es hervorbringt. Sie lässt den Weizen, die Trauben und alle Früchte der Erde reifen.

Wenn Jesus beim Abendmahl, während er das Brot und den Wein segnete, gesagt hat: »Nehmet, esset; das ist mein Leib, trinket, das ist mein Blut« (Mt 26,26), dann wollte er deutlich machen, dass die Nahrung, das Brot und der Wein, der Weizen und die Trauben, der Leib und das Blut Christi sind. Und nicht allein Weizen und Trauben, sondern alle Früchte, alles Gemüse, alles, was uns ernährt und unseren Durst löscht, wurde durch Christus hervorgebracht. Denn es ist die Liebe, das Licht, das Leben der Sonne, des Christus, die sich verdichten, um auf der Erde als Vegetation in Erscheinung zu treten.

Die gesamte Vegetation ist nichts anderes als eine Kondensation des Sonnenlichtes. Die Sonne gibt dem Gemüse und den Früchten deren Form und lässt sie reifen. Die Sonne kondensiert ihr eigenes Leben, ihr Licht, ihre Wärme, ihre Liebe. Darum heißt es, dass wir den Leib Christi essen, die zweiundzwanzig Elemente des Christi, die man in den zweiundzwanzig Buchstaben des hebräischen Alphabetes wiederfindet und mit denen, wie die Kabbala lehrt, Gott die Welt erschaffen hat. Diese Buchstaben stellen das WORT dar, denn sie sind die Grundlage für Ausdruck und Sprache. Wenn Johannes schreibt: »Am Anfang war das WORT ... Alle Dinge sind durch dasselbe gemacht, und ohne dasselbe ist nichts gemacht, was gemacht ist« (Jh 1, 1-3), so bedeutet das, dass in dem Augenblick, in dem Gott das WORT aussprach, die Schöpfung erschien, und Christus, der nichts anderes als das WORT ist, ist unsere Nahrung.

Natürlich ist diese Frage nun ein wenig zu schnell dargelegt worden, als dass ihr auf Anhieb all diese Zusammenhänge verstehen könntet. Aber das macht nichts; nehmt diese wenigen Worte, um darüber zu meditieren und ihr werdet sehen, dass alles miteinander in Beziehung steht, miteinander verbunden ist. Ihr werdet erwidern, dass in anderen Sprachen das Alphabet nicht zweiundzwanzig Buchstaben, sondern vierundzwanzig, sechsundzwanzig oder mehr hat. Ja, aber wir sprechen hier von der initiatischen, kabbalistischen Sprache, die zweiundzwanzig Buchstaben umfasst, das bedeutet, zweiundzwanzig symbolische Kräfte, deren Gott sich bedient hat, um die Welt zu erschaffen.

Die Nahrung enthält die zweiundzwanzig Elemente des WORTES. Darum hat Jesus gesagt: »Wer mein Fleisch isst und mein Blut trinkt, der hat das ewige Leben« (Jh 6,54). Man kann diese Worte in sehr umfassender Weise verstehen. Wenn es euch gelingt, durch Meditation, Kontemplation oder höhere Offenbarungen den Sinn dieser zweiundzwanzig Elemente (Aleph, Beth, Gimel... bis hin zu Taw) zu erfassen, werdet ihr verstehen, dass es sich um kosmische Kräfte handelt, die im Raum wirken. Auch unsere Nahrung enthält einige Quintessenzen davon. Deshalb können wir mit ihrer Hilfe die ganze Schöpfung verstehen. Als Jesus sagte: »Wer mein Fleisch isst und mein Blut trinkt, der hat das ewige Leben«, sprach er nicht so sehr vom Brot und vom Wein, von ihrem materiellen, konkreten Aspekt, sondern von ihrer höheren Bedeutung in der Welt der Symbole. Er wollte damit sagen: Wenn ihr nicht das Feuer esst, das aus mir kommt und das Liebe ist, wenn ihr nicht das Licht trinkt, das Weisheit ist, werdet ihr nicht das ewige Leben haben. Und ihr seht, wieder handelt es sich um Feuer und Licht, was uns erneut zur Sonne hinlenkt: Feuer essen und Licht trinken.

Da es immer notwendig ist, den Menschen konkrete Darstellungen der großen Wahrheiten zu geben, weil ihre Vorstellungskraft sonst nicht ausreicht, um die Mysterien des Universums zu verstehen, hat man die Ideen aus ihrer Welt, der abstrakten, herausgetrennt, und hat Ikonen, Kirchen, Statuen und Hostien geschaffen. Übrigens sind die Worte Jesu noch nie richtig von der Christenheit entziffert worden. Die Christen kommunizieren mit Hostien, aber werden sie dadurch besser? Wenn ihr jedoch jeden Tag mit der Sonne, mit dieser großen dort vor euch aufgehenden Hostie kommuniziert, und wenn ihr das Licht trinkt, das hervorströmt und ausstrahlt, dann werdet ihr das ewige Leben haben. Man muss also sehr viel höher hinaufsteigen, um den Sinn der Worte Jesu zu erfassen. Man sucht den Sinn immer zu weit unten. All diese Darstellungen, all diese Symbole mögen durchaus einen Zweck erfüllen; ich bin nicht gekommen, um sie zu zerstören, sie müssen noch eine gewisse Zeit überdauern; aber die Leute werden eines Tages begreifen, dass das nicht genügt, da sie immer gleich schwach, unwissend, nachtragend, feige, verleumderisch und eifersüchtig bleiben. Geht jetzt hin und trinkt die Sonne, ihre Wärme, ihr Licht, und ihr werdet spüren, wie ein wundervolles Leben in euch kreist.

Indem Jesus sagte: »Wer mein Fleisch isst und mein Blut trinkt, der hat das ewige Leben«, drückte er dieselben Wahrheiten aus wie mit den Worten zu Nikodemus (Jh 3,5): »Wer nicht von Neuem geboren wird aus Wasser und Geist (das heißt aus Feuer), kann nicht in das Reich Gottes eintreten.« Fleisch und Blut, Wasser und Feuer sind die Symbole der beiden Prinzipien männlich und weiblich, deren Lehre Melchisedek Abraham überbrachte, wo es heißt, er habe ihm Brot und Wein gebracht, um ihn für den Sieg zu belohnen, den er über die sieben schlechten Könige von Edom errungen hat, die für die sieben Todsünden stehen. Brot und Wein an sich bedeuten wenig; aber in Wirklichkeit brachte der Opferpriester des Allerhöchsten Abraham ein tiefgründiges Einweihungswissen über die beiden Prinzipien männlich und weiblich. Aber über dieses Thema habe ich bereits gesprochen.

Die meisten Menschen glauben, die Nahrung diene nur dazu, ihnen ein wenig Lebenskraft zu geben, damit sie da und dort irgendeiner Beschäftigung nachgehen können. Eines Tages fragte man einen Steinklopfer: »He, Antonio, warum klopfst du Steine? – Um Geld zu verdienen. – Und warum willst du Geld verdienen? – Um Makkaroni zu kaufen. – Und warum willst du Makkaroni kaufen? – Um zu essen. – Und warum willst du essen? – Um Kraft zu haben. – Und warum willst du Kraft haben? – Um Steine zu klopfen natürlich!« Das ist also ein Teufelskreis. Man muss jetzt endlich als Tatsache begreifen, dass die Nahrung uns nicht allein dazu dienen soll, die Kraft zum Steineklopfen zu haben. Sie ist dazu da, uns weit darüber hinaus zu führen, uns die Mysterien des Universums zu offenbaren. Da sie von sehr weit herkommt, erzählt sie uns ihre Geschichte, aber ihr wollt sie nicht hören. Ihr esst automatisch und denkt dabei an andere Dinge, darum wisst ihr noch nicht, was die Nahrung euch an Wissen bringen kann.

Ich habe einmal gesagt, dass die Nahrung ein Brief ist, den der Herr uns schickt. Täglich empfangt ihr eine großartige Botschaft vom Ewigen, aber ihr zerreißt ihn, ohne ihn zu lesen. Lasst darum alle anderen Beschäftigungen beiseite und lernt, mit Liebe zu essen, denkt an die Nahrung, verbindet euch mit ihrer Quintessenz, das heißt mit dem Fleisch und dem Blut Christi. Denn die Nahrung wird euch auf diese Weise all ihre Geheimnisse offenbaren, weil sie lebendig ist.

Bonfin, den 27. Juli 1971

III

Das Wichtigste ist, meine lieben Brüder und Schwestern, zu begreifen, dass es eine Arbeit auszuführen gibt. Und worin besteht diese Arbeit? Stellt euch vor, ihr seid von einem Prinzen eingeladen; dann erscheint ihr doch nicht einfach irgendwie vor ihm, nicht wahr? Oder nehmt an, ihr hättet selbst Gäste, ihr müsst ihnen Mahlzeiten zubereiten und Zimmer herrichten, damit sie sich ausruhen können. Nun, so wie ihr euch auf eine Einladung vorbereitet oder euer Haus in Ordnung bringt, um Gäste zu empfangen, so sollt ihr dies auf den spirituellen Bereich übertragen.

Alle Aktivitäten des täglichen Lebens können auf die spirituelle Ebene übertragen werden. Ihr müsst zum Beispiel ein Bad nehmen. Das sollte nicht nur ein physisches Bad sein, das lediglich dazu dient, ein wenig Schmutz abzuwaschen, sondern ein Bad, das euch in allen Bereichen wäscht, das euch reinigt. Dazu wendet euch an das Wasser, bevor ihr hineinsteigt, und an seine

Bewohner und sagt zu ihnen: »Ihr Wesen, die ihr im Wasser lebt, ich bin glücklich, heute mit euch in Kontakt zu treten, weil ich weiß, dass Gott euch die Macht verliehen hat, Unreinheiten und schädliche Elemente entfernen zu können. Daher wende ich mich an euch, damit ihr eine Arbeit an mir ausführen könnt.« Und ihr berührt das Wasser, ihr segnet es und ruft die Macht Gottes über das Wasser an, das Licht Gottes, die Reinheit Gottes. Indem ihr so zum Wasser sprecht, wie zu einem sehr wertvollen Element, das aus Gott hervorgegangen ist und das Geschöpfe von großer Reinheit beherbergt, tretet ihr bereits auf den anderen Ebenen mit ihm in Verbindung, und wenn ihr euch dann wascht, gelingt es euch, den Äther-, den Astral- und den Mentalkörper zu erreichen, und ihr fühlt euch anschließend von allen psychischen Unreinheiten befreit, die ihr angesammelt habt, um danach eine bessere Arbeit leisten zu können.

Und wenn ihr euer Essen zubereiten müsst, denkt daran, alle Nahrungsmittel, wenn ihr sie berührt, mit eurer Liebe zu durchdringen. Sprecht zu ihnen und sagt: »Ihr, die ihr das Leben Gottes in euch tragt, die ihr vom Himmel gesandte Liebesbriefe seid, ich schätze euch, ich liebe euch, ich weiß um den in euch verborgenen Reichtum. Ich habe eine große Familie zu ernähren, Millionen und Milliarden Bewohner in mir, seid so freundlich und ernährt sie, versucht, sie zufrieden zu stellen.« So sprecht ihr zu der Nahrung – und alles, was ihr esst, verwandelt sich in Kraft und Licht, denn ihr habt auf die richtige Art und Weise mit der gesamten Natur kommuniziert. Dann begreift ihr allmählich, dass die Worte Jesu: »Wer mein Fleisch isst und mein Blut trinkt, der hat das ewige Leben« (Jh 6,54), einen viel umfassenderen Sinn haben als den, welchen die Kirche ihnen gewöhnlich beimisst.

Das Fleisch Christi essen und sein Blut trinken ist ein Akt der höchsten weißen Magie. Hostie und Wein stehen für den Leib und das Blut Christi. Aber schon bevor der Priester Brot und Wein segnet, enthalten sie die Elemente, die Gott in sie hineingelegt hat. Indem er die göttlichen Kräfte auf die Nahrung lenkt, bereitet der

Priester sie so vor, dass sie noch besser von allen aufgenommen werden kann, die an der Kommunion teilnehmen. Er vollbringt damit vom magischen Standpunkt aus gesehen eine großartige Arbeit. Aber das Leben ist der Nahrung von Gott bereits von Anfang an eingegeben, der Segen des Priesters fügt ihr kein Leben hinzu, er verstärkt nur die Möglichkeit für die Gläubigen, wenigstens einmal von Zeit zu Zeit bewusst mit ihr in Verbindung zu treten. Denn die Menschen essen und trinken im Allgemeinen ohne Aufmerksamkeit, unbewusst, und deshalb nehmen sie kaum etwas auf.

Ein wahrer Priester ist ein Mensch, der ein höheres Bewusstsein als die anderen besitzt, ein größeres Licht, größere Reinheit, und hat damit mehr Macht über die Dinge. Warum werdet ihr also nicht euer eigener Priester für die Nahrung, die ihr esst? Wenn ihr die Nahrung segnet, die vor euch steht, indem ihr daran denkt, dass sie das Fleisch und das Blut Christi ist, tretet ihr in direkten Kontakt mit den Kräften von Christus, und das ewige Leben beginnt in euch zu kreisen. Solange ihr diese Nahrung, die in den Laboratorien des Herrn zubereitet worden ist, als tot betrachtet, weil ihr die Vorstellung habt, erst der Segen der Priester mache sie lebendig, geht ihr am ewigen Leben vorbei und nehmt nichts von ihm auf. Zeugt es übrigens von Intelligenz anzunehmen, man müsse darauf warten, dass man von Zeit zu Zeit zur Kommunion geht, um endlich etwas Lebendiges zu bekommen? Und zudem ist es diesem lebendigen Etwas noch niemals gelungen, die Menschen umzuwandeln, denn man kann Waggonladungen von Hostien schlucken und derselbe bleiben, derselbe Faulpelz, derselbe Dieb, derselbe Lüstling. Alles hängt vom Bewusstsein ab.

Wenn ihr euch bewusst seid, dass Gott sein Leben in die Nahrung gelegt hat, wenn ihr dem Priester gleicht, der das Brot und den Wein segnet, und dabei daran denkt, dass es das Fleisch und das Blut Christi ist, stellt ihr jeden Tag dreimal mit dem Leben Christi eine Verbindung her und das ewige Leben dringt durch diesen Gedanken in euch ein. Die Kommunion ist wirklich ein Sakrament, und dank ihr ist die Kirche so mächtig geworden, weil die Kommunion ein Akt weißer Magie ist. Aber man muss jetzt im Verständnis der Kommunion weitergehen. Ich bin der Erste, wenn es darum geht, die heiligen Dinge zu verstehen und sie zu achten, darum ermuntere ich euch, sie jeden Tag zu praktizieren. Aber es wird ein Tag kommen, wo jeder sein eigener Priester sein wird.

Priester ist derjenige, der die Schöpfung Gottes begreift, der sie liebt und sie achtet. Ob man ihn nun zum Priester geweiht hat oder nicht, er ist Priester, Gott hat ihn dazu geweiht. Gott steht über allem. Niemand kann über ihn verfügen. Man kann Ihn nicht mit Gewalt in eine Hostie zwängen und Ihn nach Belieben verteilen. Warum dem Herrn Gewalt antun, wenn Er selbst von Beginn an freiwillig in die Nahrung eingetreten ist? Er kann diese Gewalt nicht leiden, und oft, wenn man wollte, dass er anwesend ist, ist er nicht da.

Betrachtet die Nahrung, als wäre sie wahrhaft das Fleisch und das Blut Christi, und ihr werdet außerordentliche Veränderungen in euch spüren. Die Nahrung gibt euch das Leben, dank dessen ihr alles realisieren könnt, weil Gott das Leben in die Nahrung hineingelegt hat. Wie kann man daher die Augen schließen und das nicht sehen? Indem man die Bedeutung der Hostie so überbewertet hat, hat man die Bedeutung der Nahrung völlig vernachlässigt und vergessen, dass auch sie uns mit Gott verbinden kann. Darum öffne ich euch jetzt die Augen und sage euch, dass die Nahrung genauso heilig ist wie die Hostie, und sogar noch heiliger. Denn die ganze Natur, ja, Gott selbst, hat sie mit Seiner eigenen Quintessenz zubereitet, und erst danach kommt der Priester, der ihr nur einige Minuten widmet, damit die anderen mit ihr in Verbindung treten können. Die Kirche hat die Menschen so verbildet, dass es kein Mittel mehr gibt, ihnen heutzutage die Wunder der Schöpfung Gottes begreiflich zu machen. Was sie geschaffen haben, ja, aber das was Gott erschaffen hat, das ist uninteressant, sie stehen darüber! Sicher, wenn ihr die Priester fragt, werden sie erwidern, dass sie sich Gott nicht überlegen betrachten, aber in der Praxis ist es genauso, als würden sie sich über Ihn stellen. Anstatt zu sagen: »Achtet das Leben, meine Kinder, denn alles ist heilig, das sind Talismane, die Gott überall verteilt hat«, das machen sie nicht! Nur ihre Läden zählen: Hostien, Rosenkränze, Medaillons; der Rest zählt nicht.

Aber lassen wir das für heute und kommen wir auf die Ernährung zurück. Ihr setzt euch zu Tisch und nehmt eure Mahlzeit ein; warum lasst ihr euch dabei nicht von dieser Idee durchdringen, dass dies ein äußerst bedeutsamer Moment ist, ein heiliger Moment, da ihr die Zellen eures Körpers ernähren und wie der Priester sein sollt, der den Himmel anruft, damit die höchsten, spirituellsten Wesenheiten in die Hostie Eingang finden? Esst und denkt dabei, ihr hättet einen Schatz vor euch – und die Nahrung verwandelt sich in Licht, in Glauben und Ekstase. Ihr begreift, dass ihr wahrhaft mit Christus kommuniziert, ihr esst sein Fleisch, ihr trinkt sein Blut und ihr spürt das ewige Leben, das in euch zu kreisen beginnt.

Wir essen Früchte und Gemüse nicht so, wie wir sie in der Natur vorfinden. Die einen müssen gekocht werden, die anderen geschält, gezuckert oder gesalzen usw., damit der Magen sie verdauen kann. Wir können nicht alles, was die Natur uns gibt, im rohen Zustand zu uns nehmen, und es liegt an uns, etwas hinzuzufügen oder etwas zu entfernen. Die Rolle des Menschen in der Natur ist äußerst bedeutsam. Gott hätte den Menschen nicht geschaffen, wenn alles schon fertig und vollendet gewesen wäre. Gott hat den Menschen erschaffen, um der Natur noch etwas hinzuzufügen, um sie zu verbessern, zu verschönern, sie zu vergeistigen, weil der Mensch großartige Möglichkeiten besitzt, die die Natur nicht hat. Er hat göttliche Möglichkeiten, und auf Grund dieser Möglichkeiten sind der Gedanke und das Wort des Priesters sehr, sehr notwendig. Die Nahrung besitzt bereits das Leben, aber dieses Leben muss man mit Hilfe des Gebetes und des Denkens hervorholen, herauskommen lassen. Das Leben ist bereits da, man kann es nicht geben, da es bereits da ist, aber man muss es erwecken, es erwärmen, wenn man will, dass es von den Menschen aufgenommen wird. Und eben das macht der Priester.

Wenn ihr daher die Nahrung so esst, wie sie ist, ohne irgendetwas hinzuzufügen, um sie zu beleben, um die Substanzen, die sie enthält, hervorzuholen, dann wird sie euch zwar Kräfte geben, aber sie wird nur eure physischen Zellen ernähren. Diese Nahrung wird nicht erweckt, belebt, emporgehoben sein. Das ist so, als würdet ihr etwas kalt essen, was warm gegessen werden müsste, es hat keinen Geschmack. Was für ein Unterschied, zum Beispiel, zwischen einem heißen und einem lauwarmen Kaffee! Um sich öffnen und ihren Inhalt preisgeben zu können, muss die Materie erhöht werden. Die Nahrung vor uns ist noch nicht erhöht, sie ist roh und es bedarf daher unserer Gedanken, unseres Glaubens, unserer Liebe, um sie zu erwärmen, damit sie erwachen und ihren köstlichen Duft verströmen kann. Dann kann man meditieren, Entzückungen und Ekstasen erleben. Weil man die Nahrung zu öffnen wusste, um den Saft zu erreichen, stößt man nicht nur auf Schalen und Abfälle, man gelangt bis zu ihrem Herzen, um das ewige Leben zu trinken. Und es werden nicht länger nur einige Zellen auf der physischen Ebene ernährt, sondern alle Zellen des Nervensystems, des Ätherkörpers, der Aura.

Ich würdige nicht die Rolle der Priester herab und auch nicht die Bedeutung der Kommunion, ich eröffne euch neue Horizonte, damit ihr seht, dass die Kommunion nicht nur sehr bedeutsam, sondern unverzichtbar ist, und dass wir jeden Tag kommunizieren müssen. Wenn ihr zwei- oder dreimal im Jahr zur Kommunion geht, was glaubt ihr, damit in euch ändern zu können? Nichts, eure Zellen werden dieselben bleiben und ihr werdet ewig derselbe bleiben. Um den physischen Körper zu ändern, der so eigensinnig ist, muss man jeden Tag an dieser Umwandlung arbeiten; durch das Denken, den Glauben, die Liebe, und eines Tages wird dieses Gehäuse endlich zu schwingen beginnen!

All die Riten, die von der Kirche eingeführt wurden, dürfen die wahre Religion nicht verbergen. Oft nimmt man die kleinen Brillengläser einer Religion, einer Philosophie, einer Gruppe, und alles Übrige bleibt verborgen. Wozu ist es gut, einer Religion anzugehören, wenn diese Religion die Herrlichkeit von dem, was Gott geschaffen hat, und die Möglichkeit zu Ihm zurückzukehren, verbergen muss?

Begreift also, dass die Nahrung, die ihr vor euch habt, göttliche Keime enthält, magische, alchimistische Elemente, dank derer ihr Wunder vollbringen könnt. Wenn es euch gelingt, den Regeln, die ich euch gebe, entsprechend zu essen, werdet ihr verblüfft sein, ihr werdet in eine andere Schwingungsebene eintreten, ihr werdet euch mit dem ganzen Universum verbunden fühlen, in einem Zustand des Friedens, des Glücks und einer Überfülle. Solange ihr diesen Zustand nicht erlebt habt, habt ihr nichts von der Ernährung verstanden. Aber wenn es euch gelingt, ihn nur ein einziges Mal zu erleben, könnt ihr ihn jeden Tag aufs Neue wieder erleben. Das Kriterium dafür, dass ihr auf die richtige Weise gegessen habt, ist ein Wohlgefühl im Solarplexus – nicht nur im Magen, sondern im Solarplexus; ein Gefühl von Kraft und Fülle, weil ihr den Solarplexus genährt habt, und er ist aufgeladen mit Kräften, die er dieser magischen Nahrung entzogen hat.

Richtig essen bedeutet nicht, nur in Stille zu essen. In Stille zu essen ist nur eine Bedingung, die es ermöglicht, eine Arbeit auszuführen. Wenn ihr diese Bedingungen nicht habt, könnt ihr nicht die geringste Arbeit an der Nahrung ausführen; diese Bedingungen sind also unverzichtbar, sind aber nicht alles. Man muss diese Stille, diesen Frieden, diese Harmonie, diese Freiheit nutzen, um an der Nahrung zu arbeiten, unsere Gedanken und Gefühle mit dieser Materie zu bekleiden, damit sie sich verwirklichen können, sichtbar und berührbar werden können. Man kann die Nahrung mit der Materie vergleichen, die ein Medium für die Manifestation unsichtbarer Geister zur Verfügung stellt, das Ektoplasma, und ihr, ihr seid der Geist, der sich dieser Materie bedient. In diesem Moment werden eure Gedanken und Gefühle bereits auf der Astral- und der Mentalebene Realität und sind außerordentlich kraftvoll. Ihr solltet immer bewusst essen und einen Gedanken und ein Gefühl in jeden Bissen legen, denn auf diese Weise erlangt ihr Macht über die Materie, könnt ihr euer Leben verändern und zu einem großartigen Faktor für etwas Wunderbares werden. Macht über die Dinge fällt nicht einfach so vom Himmel. Macht setzt Verständnis voraus.

Meine lieben Brüder und Schwestern, ich bin gegen niemanden, ich bin nur für Erweiterung, für Aufklärung, für Befreiung. Ihr seid alle Gärtner... Viele von euch werden sagen, dass sie keinen Garten hätten. Doch, einen unermesslichen Garten. Der ganze Raum ist ein Garten, die ganze ätherische Materie des Raumes; und ihr seid verantwortlich für die Gedanken und Gefühle, die ihr in diesem Garten pflanzt.

Sèvres, den 15. Mai 1960

Vom selben Autor

Reihe Gesamtwerke

1	Das geistige Erwachen
2	Spirituelle Alchimie
3	Die beiden Bäume im Paradies
4	Das Senfkorn – Symbole im Neuen Testament
5	Die Kräfte des Lebens
6	Die Harmonie
7	Die Reinheit, Grundlage geistiger Kraft – Die Mysterien von Jesod
8	Sprache der Symbole – Sprache der Natur
9	»Im Anfang war das Wort«
10	Sonnen-Yoga (Surya-Yoga) – Die Herrlichkeit von Tiphereth
11	Der Schlüssel zur Lösung der Lebensprobleme
12	Die Gesetze der kosmischen Moral
13	Die neue Erde
14/15	Liebe und Sexualität (Doppelband)
16	Alchimie und Magie der Ernährung – Hrani-Yoga
17/18	Erkenne Dich selbst – Jnani Yoga (Doppelband)
23/24	Eine neue Religion (Doppelband)
25/26	Der Wassermann und das Goldene Zeitalter (Doppelband)
27	Die Pädagogik in der Einweihungslehre – Teil 1
28/29	Die Pädagogik in der Einweihungslehre – Teil 2 und 3 (Doppelband)
30/31	Leben und Arbeit in einer Einweihungsschule (Doppelband)
32	Die Früchte des Lebensbaums

Vom selben Autor

Taschenbuchreihe IZVOR

200 Hommage an Meister Peter Danov
201 Auf dem Weg zur Sonnenkultur
202 Der Mensch erobert sein Schicksal
203 Die Erziehung beginnt vor der Geburt
204 Yoga der Ernährung
205 Die Sexualkraft
206 Eine universelle Philosophie
207 Was ist ein geistiger Meister?
208 Das Egregore der Taube o. das Reich des Friedens
209 Weihnachten und Ostern in der Einweihungslehre
210 Die Antwort auf das Böse
211 Die Freiheit, Sieg des Geistes
212 Das Licht, lebendiger Geist
213 Die menschliche und göttliche Natur in uns
214 Liebe, Zeugung und Schwangerschaft
215 Die wahre Lehre Christi
216 Geheimnisse aus dem Buch der Natur
217 Ein neues Licht auf das Evangelium
218 Die geometrischen Figuren und ihre Sprache
219 Geheimnis Mensch. Seine feinst. Körper u. Zentren
220 Der Tierkreis, Schlüssel zu Mensch und Kosmos
221 Alchimistische Arbeit und Vollkommenheit
222 Die Psyche des Menschen

223 Geistiges und künstlerisches Schaffen
224 Die Kraft der Gedanken
225 Harmonie und Gesundheit
226 Das Buch der göttlichen Magie
227 Goldene Regeln für den Alltag
228 Einblick in die unsichtbare Welt
229 Der Weg der Stille
230 Die Himmlische Stadt
231 Saaten des Glücks
232 Feuer und Wasser – Wunderkräfte der Schöpfung
233 Eine Zukunft für die Jugend
234 Die Wahrheit, Frucht der Weisheit und der Liebe
235 Im Geist und in der Wahrheit – Wie finde ich zu Gott
236 Weisheit aus der Kabbala
237 Das kosmische Gleichgewicht – Die Zahl 2
238 Der Glaube versetzt Berge
239 Die Liebe ist größer als der Glaube
240 Söhne und Töchter Gottes
241 Der Stein der Weisen
242 Unerschöpfliche Quellen der Freude
243 Das Lächeln des Weisen
244 Dem Licht entgegen

Vom selben Autor

Reihe Broschüren

301 Das neue Jahr
302 Die Meditation
303 Die Atmung
304 Der Tod und das Leben im Jenseits
305 Das Gebet
306 Musik und Gesang im spirituellen Leben
307 Das hohe Ideal
308 Das Osterfest – Die Auferstehung und das Leben
309 Die Aura, unsere geistige Haut
310 In die Stille gehen
311 Wie sich die Gedanken in der Materie verwirklichen
312 Die Reinkarnation
313 Das Vaterunser
314 Das Gesetz der Gerechtigkeit und das Gesetz der Liebe
315 Die Quelle des Lebens
316 Die Nahrung, ein Liebesbrief des Schöpfers
317 Die Kunst und das Leben
318 Die wesentliche Aufgabe der Mutter während der Schwangerschaft
319 Die Seele, Instrument des Geistes
320 Menschliches und göttliches Wort
321 Weihnachten und das Mysterium der Geburt Christi
322 Die spirituellen Grundlagen der Medizin
323 Meditationen beim Sonnenaufgang
324 Der Friede, ein höherer Bewusstseinszustand
325 Das Ideal des brüderlichen Lebens
326 Die ganze Schöpfung wohnt in uns
327 Der Preis der Freiheit

Der Unterschied zwischen den einzelnen Buchreihen:

Reihe Gesamtwerke

Die meisten dieser Bücher enthalten in jedem Kapitel einen Vortrag von Omraam Mikhael Aivanhov.

Reihe Izvor

Jedes Kapitel enthält Auszüge aus den Vorträgen Omraam Mikhael Aivanhovs. Die Texte der Reihe Izvor sind teilweise in den Büchern der Reihe Gesamtwerke enthalten.

Reihe Broschüren

Themenbezogene Auszüge aus den Büchern der Reihen Gesamtwerke und Izvor.

Vom selben Autor

Reihe Stani

Mit den Büchern aus dieser Reihe können die von Omraam Mikhaël Aïvanhov vorgeschlagenen und gezeigten Übungen und Gebete erlernt, angewendet und vertieft werden. Die Bücher enthalten anschauliche Zeichnungen, Farb-Fotos, Tabellen und Diagramme, welche das Verständnis und die Umsetzung erleichtern.

1. Die Gymnastik-Übungen – Sinn, Ablauf und Entsprechung zu heiligen Symbolen (mit DVD)
2. Vom Sinn des Betens – Erklärung und Gebete
3. Erhebende Gedanken – Die Meditation
4. Das Licht und die Farben – Kräfte der Schöpfung

E-Books

Die meisten Bücher von Omraam Mikhaël Aïvanhovs sind auch als E-Book erschienen.

Die E-Books sind in verschiedenen Formaten erhältlich und auf jedem E-Reader lesbar. Sie stehen weltweit bei fast 1.000 Handelspartnern zum Download bereit, z. B. bei:

Amazon, Apple, Thalia, Hugendubel, Osiander, Buchhandel.de, Bücher.de, Weltbild, Orell Füssli, Legimi, Kobo, Ebook.it und vielen weiteren…

Reihe »Gedanken für den Tag«

Das Taschenbuch »Gedanken für den Tag« enthält für jeden Tag des Jahres ein Zitat von Omraam Mikhaël Aïvanhov als geistige Anregung und Begleiter für den Alltag. Es ist eine gute Meditationshilfe und auch als Geschenk bestens geeignet. Das Buch erscheint jährlich mit neuen Texten und ist einer unserer Bestseller. Ausgaben aus vergangenen Jahren sind ebenfalls noch erhältlich (solange Vorrat reicht).

Auf unserer Internet-Seite können Sie alle Tagesgedanken von 2005 bis 2020 lesen (prosveta.de, prosveta.ch, prosveta.at). In diesen mehr als 5.000 Tagesgedanken können Sie mit Hilfe der Suchfunktion nach Themen oder Begriffen Ihrer Wahl suchen.

Abschließende Information

Es kann ein kostenloser Katalog bei uns angefordert werden, der alle Werke von Omraam Mikhaël Aïvanhov enthält.

Bestellen können Sie im Verlag oder im Buchhandel. Wenn Sie ein Buch in Ihrer Buchhandlung nicht erhalten, ist es im Verlag in der Regel dennoch lieferbar.

Ausführliche Informationen über den Autor Omraam Mikhaël Aïvanhov, sein Leben und sein Werk erhalten Sie zum Beispiel auf der Internetseite www.aivanhov.de.

Verlage und Auslieferungen

Hauptverlag:
Editions Prosveta S.A. – 1277, Av. Jean Lachenaud – 83600 Fréjus
Tel. 04 94 19 33 33, contact@prosveta.fr, www.prosveta.fr

Verlage und Auslieferungen international:

AUSTRALIEN

PROSVETA AUSTRALIA
108 Grand Ocean Boulevard
Port Kennedy WA 6172
Tel. (61) 8 9594 1145
prosveta.au@aapt.net.au

BELGIEN UND LUXEMBURG

PROSVETA BENELUX
Chaussée de Merchtem 123
1780 Wemmel
Tel. (32) 2 460 108 53
prosveta@skynet.be,
www.prosveta.be

BENIN

ETS Evera-Librairie
Abomey-Calavi
Tel. +229 977 759 50
etsevera@gmail.com

BOLIVIEN

VIRGINIA BELTRÁN
Reemanso 2 Núrnero
9080 Santa Cruz – Bolivia
mavibel@gmail.com

CHILE

AGRUPACIÓN VEHADI
Paula González Morel
Tel. +56 982 948 670 / 998 901 258
vehadi.chile@gmail.com

DEUTSCHLAND

PROSVETA VERLAG GMBH
Grabenstr. 14, 78661 Dietingen
Tel. +49 7427 3430
kontakt@prosveta.de
www.prosveta.de

ENGLAND UND IRLAND

PROSVETA, THE DOVES NEST
Duddleswell Uckfield
East Sussex TN 22 3JJ
Tel. (44) (01825) 712 988
orders@prosveta.co.uk
www.prosveta.co.uk

GABUN

Librairie Tiphéret
BP 1554www.pyrinoskosmos.gr
Libreville
Tel. +241 662 241 35
a.dirat@gabontelecom.ga

GRIECHENLAND

PYRINOS KOSMOS
Egeou 29 – Koropi
G-19400 Athens Attica
Tel. +30 210 360 28 83

HAITI

PROSVETA DÉPÔT HAITI
Angle rue Faustin 1er
et rue Bois Patate #25 bis
6110 Port-au-Prince
rbaaudant@yahoo.com

INDIEN

VIJ BOOKS
2/19 Ansari Road, Darya Ganj
New Delhi 110 002
www.vijbooks.com
vijbooks@rediffmail.com
Tel.: + 91-11-43596460 / 1147340674

BOOK MEDIA (MALAYALAM)
Coondacherry P.O.
Pala, 686579 Kottayam - Kerala
Tel. (+91) 94 47 53 62 40

ISRAEL

prosveta.il@hotmail.com
Hadkeren Publishing House
PO Box 8426
6 108 301 Tel-Aviv – Jaffa
info@hadkeren.co.il - www.hadkeren.co.il

ITALIEN

PROSVETA COOP. A R.L.
Casella Postale 55
06068 Tavernelle (PG)
Tel. (39) 075-835 84 98
prosveta@tin.it, www.prosveta.it

KAMERUN

Librairie Bibliothèque, Vera Book Center
Yaoundé au Carrefour MEEC
BP 17506 Etétak – Yaoundé
Tel. +237 699 959 044 / 694 546 116
verabookcenter@gmail.com

KANADA

PROSVETA INC.
3950 Albert Mines – Canton de Hatley – (QC) J0B 2C0
Tel. +1 819 564 82 12
prosveta@prosveta-canada.com
www.prosveta.ca

KOLUMBIEN

PROSVETA COLOMBIA
Calle 174 Número 54B
50 Interior 6
Villa del Prado – Bogotá
Tel. (57 1) 6 14 53 85
Tel. 6 72 16 89
Mobil: (57) 311 8 10 25 42
prosveta.colombia@hotmail.com

KONGO

Librairie Providence
19 Rue Maleke Moukondo (Mfilou)
Brazzaville
Tel. +242 066 193 927
librairieprovidence2021@gmail.com

LETTLAND

Cilveka Pasatjaunosanas, biedriba
Ravija Astahova
Anniņmuižas bul. 43 – 135
Riga, Latvija LV-1069
Tel. +371 292 93298
ravija@inbox.lv

LIBANON

PROSVETA LIBAN
P.O. Box 90-995
Jdeitet-el-Metn, Beirut
Tel. (03) 448560
prosveta_lb@terra.net.lb
www.prosveta-liban.com

LITAUEN

LEIDYKLA MIJALBA
Gedimino G 26 B – 44319 Kaunas
Tel. 370.687 8760
info@mijalba.com
www.mijalba.com

NEUSEELAND

PROSVETA NEW ZEALAND LTD
49 Stottholm Road
Titirangi 0604
Aotearoa New Zealand
Tel. +64 686 727 89 / +64 220 212 414
johnson.susan34@gmail.com
www.oma-books co.nz

NIEDERLANDE

STICHTING PROSVETA NEDERLAND
t.a.v. K. Laan
Zeestraat 50
2042 LC Zandvoort
Tel. +31 235 716 473
laan@prosveta.nl, www.prosveta.nl

NORWEGEN

PROSVETA NORDEN
Postboks 150 Sentrum
N-0102 Oslo
Tel. (47) 90 27 43 33
info@prosveta.no, www.prosveta.no

ÖSTERREICH

HARMONIEQUELL VERSAND
Ulmenweg 8, A 5302 Henndorf
Tel. und Fax +43 6214 7413
info@prosveta.at, www.prosveta.at

PERU

Contact Prosveta
Viviana Hermosa Mattos
Tel. + 51 999 355 9_9
vivihermosa@gmail.com

POLEN

Księgarna – Galeria Nieznany Świat
ul. Kredytowa 2, 00-062 Warszawa
tel. +48 827-93-49, www.nieznany.pl

PORTUGAL

PUBLICAÇÕES MAITREYA
4100 - 027 Porto
flora@publicacoesmaitreya.pt

RUMÄNIEN

EDITURA PROSVETA SRL
Str. N. Constantinescu 10
Bloc 16A – sc A
Apt. 9 Sector 1, 71253, Bucarest
Tel. +4 072 770 59 17
prosveta_ro@yahoo.com
www.prosveta.ro

RUSSLAND

EDITIONS PROSVETA
Elena Jitniouk
ul. Partizanskaya, d.22, kv. 87
Moskow 121351
Tel. +8 903 795 70 74
prosveta@prosveta.ru,
www.prosveta.ru

SCHWEIZ

ÉDITIONS PROSVETA
Société coopérative
Chemin de la Céramone 13
1808 Les Monts-de-Corsier
Tel. +41 21 921 92 18
prosveta@prosveta.ch
www.prosveta.ch

SERBIEN

EDITION BABUN D.O.O.
Ana Bešlić, Tel. +381653193913
babun.info@gmail.com

Izdavačko Preduzeće Paleja D.o.o
(Editions Paleja), Željko Mojsilović
Put za Trešnju 1. deo br. 9, Ripanj
Beograd, Tel. +381 653 433 857
info@svetlostknjige.com

SPANIEN

ASOCIACION PROSVETA ESPAÑOLA
C/ Diputacio, 385 local bajos 2
SP-08013 Barcelona
Tel. (+34) (93) 412 31 85
aprosveta@prosveta.es
www.prosveta.es

TSCHECHISCHE REPUBLIK

PROSVETA
Ant. Sovy 18
370 05 České Budějovice
Tel. +420 723 581 030
prosveta@iol.cz / info@omraam.cz
www.omraam.cz

TOGO

Le Livre SARL
Rue Kedjessinawe Tokoin Novissi
BP 1723 - Lomé Togo
Tel. +228 900 483 73
Tel. +228 982 959 58
lelivre1@yahoo.fr

TÜRKEI

Hermes Yayinlari
hermeskitap@gmail.com
www.hermeskitap.com

USA

WELLSPRING OF LIFE
404 N Mount Shasta Blvd # 320
Mount Shasta CA 96067, USA
Tel. +1 530 918 33 91
wellspringsoflife@mail.com
www.prosveta-usa.com

VENEZUELA

PROSVETA VENEZUELA C. A.
Tel. +58 412 904 89 94 / +58 414 134 75 34
prosvetavenezuela@gmail.com
www.prosvetavenezuela.com

Auslieferungsadressen für weitere Länder finden Sie unter

www.prosveta.de/informationen/bestelladressen

Wenn Sie sich für Veranstaltungen interessieren, in denen die Lehre von Omraam Mikhaël Aïvanhov vertieft werden kann, wenden Sie sich bitte an eine der folgenden Adressen:

Deutschland
UWB e.V.
www.aivanhov.de, info@aivanhov.de

Schweiz
FBU, Chemin de la Céramone 13, 1808 Les-Monts-de-Corsier
Telefon 021 925 40 80, www.videlinata.ch

Österreich
UWB, Telefon 01 27 698 32
Internet: www.uwb.at, E-Mail: info@uwb.at